100인의 철학적 음성들
100 PHILOSOPHICAL POEMS

시로 쓴
철학사

詩

• 에피파니는 '인간의 불멸성'과 '책의 영원성'에 대한 오래된, 새로운 믿음을 갖습니다.

100인의 철학적 음성들
100 PHILOSOPHICAL POEMS

시로 쓴
철학사

詩

지혜가 흐르는 강

이수정 지음

에피파니

이 책은 여러 가지로 특이할 것이다.

이 책은 세계에서 최초로 시도된 '시로 쓴 철학사'이다. 일찍이 이런 책은 없었다. 이 책은 어렵고 묵직한 철학적 개념들을 시적인 이미지로 압축함으로써 독자로 하여금 곧바로 그 핵심에 다가가게 한다. 이 책은 '즐거운 철학책'인 동시에 '심오한 시집'이다. 사실 2,600년의 서양철학사를 시로 쓴다는 것은 하나의 명백한 도발이다. 그것은 쉽게 손댈 수 있는 일이 결코 아니다. 그런데도 나는 감히 그 일을 '저질렀다'. 굳이 왜?

작금에 우리 사회에서는 '인문학의 위기'라는 스산한 종소리가 어디에서나 쉽게 들려온다. '철학의 종말'이라는 꺼림칙한 말도 예사롭게 들려온다. 많은 철학자들은 이를 시대의 천박함으로 탓하며 한탄하고 있다. 안타깝지만 이를 부인할 수도 없다. 하지만 그게 어디 시대만의 책임이겠는가. 적지 않은 젊은 철학자들은 또한 우리 철학계의 생각하기와 글쓰기에 대해 진지한 반성을 하기도 한다. 철학적 언어들은 분명히 어렵다. 한때는 그 어려움이 곧 멋스러움으로 통한 적도 있었다. 하지만 이제 더 이상은 아니다. 아무도 듣지 않는 언어라면 그건 이미 언어가 아니다. 말은 '귀'를 전제로 비로소 말인 것이다. 그렇다면 이제 철학적 언어들도 달라져야 한다. 기존의 철학서들도 일반인들이 쉽게 접할 수 있도록 가독어로의 번역이 필요한 부분이 있다. 소중한 철학적 언어들이 철학자들만의 전유물이 되어서는 곤란하다. 이 철학시집《시로 쓴 철학사》는 바로 이런 맥락에서 나온 처절한 노력의 일환으로 이해되어야 한다.

이 철학시집은 형식은 분명히 문학이지만 '철학사'인만큼 그 내용은 당연히 철학을 담고 있다. '존재' '의식' '정신' … 등 철학자들의 묵직한 개념들이 여과 없이 얼굴을 내미는 경우도 적지 않다. 구판 〈서문〉에서 나는 이 점을 의식해, "'지식'과 '뜻'을 함께 담아보고자 했다"라는 말로 미리 언질을 해두었다. 철학적 지식에 대한 철학자로서의 애착은 어쩔 수 없었다. 그러나 철학이라고 하기에 이 책의 시들은 너무나 쉽다. "철학이 어렵다고들 하여 딴에는 한껏 쉬운 말로 써보았다"고 나는 고백했다. 사실 이 시편들 중 난해하여 이해하기 어려운 것은 거의 없다. 재미있게 웃을 수 있는 것들도 더러는 있다. 말이 쉽지, 이것은 사실 예삿일이 아니다. 철학자들의 깊은 사상을 완전히 자기 것으로 소화하지 않고는 결코 그것을 쉽게 설명할 수 없다. 그 점을 독자들이 부디 알아주셨으면 좋겠다.

이 철학시집은 철학의 시조 탈레스에서부터 현존하는 하버마스-바듀-싱어 등에 이르기까지 2,600년의 주요 철학자들을 거의 다 다루고 있다(100명에 맞추느라 아쉽게 누락된 철학자들도 물론 적지는 않다). 그러나 그들의 주요개념들 중 대체로 하나씩의 개념들만이 시의 주제로 채택되어 있다. 이 점이 가장 큰 아쉬움이다. 그러나 책으로서의 '분량' 때문에 그것은 불가피했다. 그래서 나는 여기에 소개된 것을 "내가 전하고 싶은 '최소한의 철학들'"이라고 규정했다. 이것들만 제대로 이해해도 기본적인 교양으로서는 충분한 가치가 있다고 나는 판단한다.

좀 더 자세한 것은 이 책의 자매편인 《편지로 쓴 철학사 Ⅰ, Ⅱ》를 참고하면 좋겠다.

　인문학 열풍이라 하면서도 이상하게 철학의 '철' 자만 들어가 있어도 그 책은 팔리지 않는다는 것이 우리 모두가 아는 독서계의 현실이다. (철학교수이니까 하는 말이라고 들리겠지만) 분명한 사실은, 철학은 싫다고 해서 피할 수 있는 게 아니라는 또 다른 현실이 있다는 것이다. 그것은 우리 몸을 위해 꼭 필요하지만 어떤 이들은 먹기 싫어하는 시금치나 당근이나 멸치 같은 것이다. 건강을 생각한다면 어떻게든 맛있게 요리해서 먹여야 한다. 철학도 그렇고 진리도 그렇다. 이 책은 그런 취지로 만들어진 하나의 학문적 요리다. 아직은 낯설지만 새롭고 신선한 요리가 이제 교양과 지성의 식탁에 오르게 되었다. 나의 욕심은 단 하나, 남녀노소 누구든 맛있게 먹고 정신의 건강에 도움이 되었으면 하는 것이다.

2017년 겨울

이수정

이것은 시로 쓴 철학사 2,600년의 해설이다.

핵심인물 100명이 등장한다.

그 흐름이 한눈에 들어올 것이다.

여기에는 철학과 문학이 함께 있다.

문학은 즐거운 것이다.

철학은 심오한 것이다.

이것들을 알맞게 그리고 맛있게 요리해서

교양의 상에 올리고 싶었다.

그래서 철학을 시로 써보았다.

'지식'과 '뜻'을 함께 담아보고자 했다.

철학이 어렵다고들 하여 딴에는 한껏 쉬운 말로 써보았다.

비유와 은유도 애써 자제했다.

그러나 시의 맛도 놓치지 않으려 애썼다.

일반 독자는 물론 청소년들도 접하기 쉬울 거라 믿는다.

대체로 철학자 한 명당 하나씩의 메인 테마를 다루었다.

이는 내가 전하고 싶은 '최소한의 철학들'이다.

이는 철학사의 맥을 이어온 핵심적인 연결고리였다.

이것으로 철학적 관심사의 기본 취지를 알려주고 싶었다.

철학으로부터 우리가 배울 수 있는 핵심적인 것들

그걸 한눈에 보여주고 싶었다.

'인간과 세계'의 이해에 도움이 된다면 좋겠다.

가슴에 닿을 수 있게 된다면 더욱 좋겠다.

조금 낯설지는 모른다.

그러나 철학과 시의 만남은 아름다운 사건이다.

파르메니데스와 바슐라르가 이를 보증한다.

정신의 향상, 사회의 향상에 기여할 수도 있을 것이다.

하나의 의미로 남을 수 있기를 기대해본다.

2006년 봄

이수정

차례

4장 근세편 새로운 물줄기

2부 드넓은 대해로 현대편

5장 독일편 라인강 언저리의 풍경

6장 프랑스편 센느강 언저리의 풍경

7장 영미편 템즈강과 허드슨강 언저리의 풍경

태양에게 묻는다

서시 혹은 총론

나
삶의 어느 날 산마루에 서서
넘어가는 붉은 태양에게 묻나니
너는 무엇이며
나는 누구인가

붉게
붉게
달구어진 내 영혼을 곧추 세우고
네게 묻나니
이곳은 대체 어디이며
지금은 무릇 언제더란 말이냐

내 일찍이
장주가 된 호접과
호접이 된 장주를

젊은 확신으로 껄껄껄 비웃었으나

이제

그 확신은 슬그머니 꼬리를 접고

한 마리 연기 같은 호접이 되어 어디론가 사라졌나니

현실은 꿈과

꿈은 현실과

손에 손잡고 투명한 장벽을 자유로 넘나들면서

아, 신비의 춤을 어지러이 추고 있구나

태양이여

태초를 목격한 그대

큰 별이여

너의 그 오래된 연륜으로

만유를 밝히는 너의 그 눈부신 빛으로 무궁한 자비로

내게 말하라

유무는 무엇이고

시공은 무엇이며
생로병사는 무엇이고
희로애락은 또 무엇인지

부디
어둠이 다 오기 전에
깊고도 푸른 이 비밀의 한 자락을
밝혀다오
어찌하여 이 모든 것이 이와 같은지
이
억만 세월의 기막힌 수수께끼를

아, 태양이여
그대
우주를 밝히는 큰 별이여!

1부 전통편

기나긴 물줄기

1장 고대편

원천 그리고 상류의 흐름

自然·靈魂·價値

물

지금?

그대들의 옛날 까마득한 날

아직도 올림포스의 신들이 활보하는 시대

여기?

그대들의 아득한 지구 저편

그리스 이오니아, 아름다운 항도 밀레토스

나?

천문에 빠삭한 현인 탈레스

그대들이 일컬어 철학의 시조

나는, 여기서, 지금

바라보고 있네

세계의 경이로움을

자연의 근원을

비로소 처음으로

이성의 눈으로

나는

씨앗을 보고

물기를 보고

만물의 근원은 물이라고

물이 만물의 근원이라고

달리 생각하며

달리 설명하며

사람들에게 새로운 길, 철학의 길

열어주려네

사막에서 목 말라보면

폭풍우에 일엽편주 흔들려보면

물 한 방울 찾아 화성으로 타이탄으로 헤매는 것 보면

물이라는 것

그거 엉뚱한 이야기가 아님을 알리

눈에도 물, 코에도 물

꽃에도 물, 풀에도 물
만유에 H로 숨어 있는 물 물 물…

물은
물기 있는 모든 것을 적시고 살려주는 것
보라!
아득한 이천육백 년
흐르고 흘러 그대들의 물도
하늘에서 땅으로
땅에서 바다로
바다에서 다시 하늘로
돌고 돌면서 아름다운 세상 만물들
적시고 있으리
살리고 있으리

정해지지 않은 것

아낙시만드로스 철학

돌은 돌이고
물은 물인데
무얼까
돌을 돌이게 하고
물을 물이게 하는 것

사람아
너는 아는가
너는 그렇게 사람이지만
네가 어찌하여 사람인지
네가 어찌하여 남자이고 여자인지
어찌하여 너의 가슴에 사랑이 싹트는지
어찌하여 너에게 삶과 죽음이 돌고 도는지

꽃들도 새들도 사람들도
우리는 모두가 결과일 뿐

우리는 우리의 원인이 아니었다

알 수 없는 어떤 깊은 곳
거기
무언가가 있다
무언가라고 할 수밖에 없는 어떤 무언가가
도사리고 있다

아직 돌은 아니지만
돌이 거기서 오고
아직 물은 아니지만
물도 거기서 오는
어떤 것

만유의 원천을 기웃거리며
내가 보았던 것

규정되기 전의 어떤 것

규정하기 힘든 어떤 것

정체미정의

경험불능의

'토 아페이론'은 천년 후에도

삼라만상으로

은밀하게 확고하게

스미고 있으리!

공기

아낙시메네스 철학

후
후
숨을 쉰다
숨 쉬어 사노니
너도 나도 그도…
손꼽아보면 아득해지는
수십억의 숨!
후
후
맹그로브의 짙은 숲에도
북극 백곰의 자맥질에도
무언가 파랗게 하얗게 숨어 있다

보이지 않아도 보이는 것
그 숨 속으로
투명 망토를 뒤집어쓰고 들락거리는

어떤 기운

수십억 세월 꿰고 흐르는

우주의 비밀

공기가

숨이

그 형체 없는 실체가

자연의 근원

보이지 않지만 보이는

어떤 힘!

숨 속에 숨은 거대한 힘!

빛처럼 어둠처럼

그 무언가가

엷어지면서

짙어지면서

온갖 것들을 가로지르며

구르며 흐르며 또는 날으며

펼치는 세상
놀라운 세상!

오늘도 우주에 가득한
내일도 만유에 가득할
거대한 기운!

수

퓌타고라스 철학

멀리 갈 것도 없다

그대들 세계

컴퓨터 세계

씨피유 한 번 들여다봐라

01010101…

안 보이는가

기가헤르츠로 들락거리며

세계 만들고 있는 거

아니 그 이전에

수 없이는 아예 불가능이지, 인간도 삶도

혈압은 120

체온은 36.5

월급은 500

키는 180

시력은 1.5

전기는 220

뭐는 얼마, 뭐는 얼마, 한도 끝도 없지

어디 은행뿐이겠니, 시장뿐이겠니

수 없이 설명되는 건 아무것도 없어

수가 없다면

그 순간 세계가 다 빨간 불

올스톱이야

내가 뭐랬어

수가 세계의 근원이라고

이천오백 년이나 그렇게

가르쳤거늘…

이제 수학이랑 좀 잘 지내봐

잡생각 말고

영혼 닦아서

영혼 닦이면
그 눈으로 잘 좀 살펴봐

원자서부터 우주 끝까지
무너질세라
숨어서 떠받쳐주는 절묘한 힘
수들의 조화!
수들의 질서!

모든 것은 흐른다

헤라클레이토스 철학

같은 강물에

두 번 들어갈 수는 없는 거라고

'어둠의 사나이' 내가 말했지

두 번째란

우리도

강물도

첫 번째 우리와

첫 번째 강물과

이미 다른 거라고

모든 것이 그렇게 흐른다고

수수께끼처럼 내가

말했었지

하지만

물은 흘러도

강은 흐르지 않음을

모든 것이 변해도
변하지 않는 질서가 거기 있음을
신의 법, 로고스, 저물지 않는 그것이
만유에 공통된 것임을
나는 꿰뚫어보았나니

언제나 어둠의 휘장을 늘어뜨리고
천박한 세인의 접근을 경계하지만
아는가, 세인들이여!
나는 나 자신으로부터 모든 것을 배운
지체 높은 존재
나의 지체 높음은
내가 버린 그 왕좌가 높아서가 아니라
내가 닦은 그 지혜가 빛나서이니
나는 오로지 로고스의 제자

오, 저물지 않는 로고스, 신의 법이여
부디
제행무상이 불변하는 진리임을 가르쳐준 저
불타처럼
바람 속에 흩어졌지만 그 바람 속에서
언제까지나
사람에게 불기를
말씀으로 불기를
변하는 것과 변하지 않는 것이 함께 있음을
흘러가는 시간 속의 모든 이에게
흐르지 않는 진리로서 알려주기를!

존재한다는 것

파르메니데스 철학

이천오백 년 아득한 시간을 건너

내가 본 이것

세상의 신비

나의 반짝이는 눈빛으로

함께 비춰주고 싶다

손에 손 잡고

나의 마차가 달렸던 낯선 길

내가 당도한 신비의 문

나를 맞이한 다정한 여신

그리고

내가 들었던 여신의 말씀

존재가 있다는 것

무가 아니라는 것

생각과 존재가 하나라는 것

존재는 불생불멸에 무시무종에 유일무이라는 것

그 신비들을 함께
나눠주고 싶다

하나밖에 없는 이 세상
모든 시간과
모든 공간을
모조리 품어 변함이 없는
이 절대적 현상
단 하나의 세상
없을 수도 있으련만
왜 없지 않고
이렇게 놀랍게도 존재하는가!

열린 입을 닫을 수도 없이
진리로서 드러나 빛으로 다가오는
위대한 그 모습

모두와 함께
옷깃을 여미고
엄숙히 그 빛을 바라보고 싶다

똑같은 그 빛
여기인 거기
그대들의 그 세상에서도
똑같은 빛이기에
오롯이
추호도 변함없이

뿌리와 애증

엠페도클레스 철학

오늘도 어제처럼
내일도 어제처럼
삼천 년 전에도
삼천 년 후에도

보라
꽃이 꽃을 만나서 피고
새가 새를 만나서 날고
남자는 여자를 보고서 웃고
여자는 남자의 품 안에 안겨
그리하여 만물이 번창하는구나
그리하여 세상이 펼쳐지는구나
크구나
하나된 자연을 휘감아 쥐는
사랑이여!

하지만

잊지 말지니

미움이 둘 사이에 겨울처럼 닥치면

꽃은 시들어 떨어지고

새는 날개를 접고 찬비에 떨며

여자와 남자는 다시 둘이 되고 마노니

제각각 따로따로 흩어지고 마노니

흩어져

다시 저 근원의 '뿌리'

흙으로 물로 불로 바람으로 돌아가지만

뿌리들은 피지 않고 날지 않고 웃지도 않나니

살과 피와 열과 숨이 곧 사람은 아니니

인간들이여

내 이글거리는 에트나 화산에 몸을 던지기 전에

먼저 뜨거운 숨결로 너희에게 묻나니

사랑할 텐가

미워할 텐가

이 거대한 원리 앞에서

오늘도 그렇게 갈가리 찢어지고 흩어지고 말 텐가

답하라!

답하라!

너희

증오로 서로를 태우는 인간들이여!

씨앗과 정신

아낙사고라스 철학

민들레에서 코스모스 피는 것

보았더냐

꽃사슴이 토끼 낳는 것

보았더냐

아브라함이 이삭을 낳고 이삭은 야곱을 낳고

그렇게 요셉을 낳기에 이를 때까지

인간에게서는 오로지 인간만이 나는 법

눈은, 눈 될 것이 눈 된 것

귀는, 귀 될 것이 귀 된 것

코도 입도 몸도 다 그렇게 될 것이 그렇게 된 것

그 가능성들, 그게 씨앗이 아니고 무엇이더냐

해와 달도 해와 달의 씨앗을 갖고

은하에 흐르는 별들도 별들의 씨앗을 갖고

하늘도 땅도 바다도 초목도 금수도 또한 그렇고

모르겠는가

위대한 자연은 찬란하게 피어난 거대한 꽃밭이어니

억의 꽃에는

억의 씨앗들

제각각 다른 모습들…

인간들이여

그대들 문명이 그리도 대단하더냐

대자연에 비하면 한갓 장난이어니

모든 것들을 질서 지우고도 수고했다 나서지 않는

저 점잖은 누스[정신]의 소리 없는 소리

들리지 않느냐

졸졸 흐르는 시냇물에도

활활 타오르는 불꽃에도

호수 위를 미끄러지는 백조의 우아한 자태에도

누스의 질서는 스며 있나니

소녀 앞에서 콩닥거리는 소년의 가슴 속에도

소년 앞에서 화끈거리는 소녀의 붉은 뺨에도

누스의 질서가 미소하고 있나니

모든 것이 그렇게 되도록 되어 있나니

인간들이여

이성이 있어 이를 읽는다면

이제 옷깃을 여미고 두 손 모으고

너무 뻐기지는 말지니

너무 설치지는 말지니…

원자와 공허

데모크리토스 철학

플라톤 씨가 시샘할 만도 하지

넓기도 하지

깊기도 하지

껄껄껄 호탕하게 웃고 다니는 영웅

박식한 나의 바다

지혜들로 가득 찬

나는 거의 22세기의 첨단 과학도

타임머신을 타고 온 시간여행자

내겐 보였지

변하지 않는 원자들의 존재

무한히 펼쳐진 공간의 존재

장미, 비록 붉고

사과, 비록 달고

아카시아, 비록 향기롭지만

변함없는 실체는 오직 원자라는 것

현미경도 없이

실험실도 없이

나는 오직 이성 하나로 꿰뚫어봤지

형태와 배열과 위치가 달라서

그 서로 다른 차이가 서로 다른 사물들의 원리임도

결합과 분리가 생성과 소멸의 원리임도

나는 아니

에이치투오도 씨오투도 염기서열도

내 통찰의 어느 미래에는

밝혀지리

끝없이 뻗어가는 거대한 공간

그것을 채우는 수많은 사물들

사물을 이루는 무수한 원자들

원자에 스며든 각각의 차이들

차이에 따르는 결합과 분리들

나에게는 있다네

보이지 않는 것들을 보는

위대한 눈이

가장 작은 것과 가장 큰 것을 동시에 보는

현미경이자 망원경인

대단한 눈이

까마득히 먼 공간을 응시하면서

가득한 원자들의 숨결 느껴보라

그대도 잠시

데모크리토스처럼

지금!

거기서!

나의 여기인

그대의 거기서!

인간은 만물의 척도다

프로타고라스 철학

물어 보라구
네가 없어도 세상이 있는지
네가 없으면 세상도 없는지

그것 보라구
있다는 사람
없다는 사람
사람마다 말들이 다 다르잖아

배고파 죽겠는데
바다 건너 필리핀 숲속에 가면
바나나가 주렁주렁 열려 있다고?
그게 있다는 건가 없다는 건가
내게 있어야 있다는 거지
그러니까 하는 말이지
있다는 것도 없다는 것도

좋다는 것도 나쁘다는 것도
맞다는 것도 틀리다는 것도
다
사람이 정한다는 말이지
그러니까
인간이 모든 것의 척도인 거지
인간이 모든 것의 기준인 거지
그러니까
만사에 대해
상반되는 두 가지 말이 있다는 거지

날더러 궤변론자라구?
무슨 말씀
아테네 사람들은 날더러 현자라는데? 돈도 주는데?
그것 보라구
내 말이 맞잖아

나는 난데

궤변론자도 되고

현자도 되잖아

다들 그렇게 자기 잣대로

세상 재는 거라구

모두가 그렇게 자기 눈으로

세상 보는 거라구!

아무것도 없다…

고르기아스 철학

아무것도 없단 말이지

있어도 알 수 없단 말이지

알아도 전할 수는 없단 말이지

궤변 늘어놨다구?

그래, 궤변 같은 말 좀 했지

말이야 좀 그렇지

하지만 혹시 알아?

그 궤변 뒤에

궤변 아닌 깊은 뜻이 숨어 있는지

보라구

만년 전 천년 전 백년 전에 있던 것

지금 있는지

백년 후 천년 후 만년 후에 있을 것

지금 있는지

만년 전 천년 전 백년 전에 있었는지

백년 후 천년 후 만년 후에 있을는지

지금 있는 것

지금 있는 너의 그 복사꽃 뺨

지금 있는 너의 그 앵두빛 입술

너의 그 지갑도 너의 그 의자도 너의 그 명함도

보라구

아무것도 없다구

아냐구

꽃이 왜 피는지 새가 왜 나는지

네가 왜 났는지 네가 왜 죽는지

우주에 끝이 있는지 없는지

시간에 끝이 있는지 없는지

옳음이 무언지 착함이 무언지 아름다움이 무언지

아냐구

말해보라구

그것 보라구

알 수 없다구

뭐라구?

알았다구?

거기 귀 막은 양반

들린다구?

거기 눈 감은 양반

보인다구?

공자와 부처와 소크라테스와 예수까지 나서서

이천 년 넘게 그렇게 호소했는데도

그래도 세상이 이 모양인데

뭐라구?

알았다구?

웃기지 말라구

인정하라구!
전할 수 없다구

그러니까
아무것도 없단 말이지
있어도 알 수 없단 말이지
알아도 전해줄 수 없단 말이지

너 자신을 알라

그대는 아는지
나, 소크라테스를
나의 삶을, 나의 죽음을

나의 부지런했던 발걸음들
그대는 아는지, 어딜 다녔는지
시장에서도
거리에서도
광장에서도
정신의 개선을 위해
영혼의 향상을 위해
나는 바빴지. 한 평생을 바빴지
그러나 나는
돈을 달라고 하지 않았지
권력을 달라고 하지 않았지
명예를 달라고도 하지 않았지

크산티페의 바가지를 노래 삼아 들으며

정치가의 집으로

글쟁이의 집으로

기술자의 집으로

바쁘게 부지런히 돌아다녔지

다니며 문답하고 확인했었지

아니구나

너는 아니구나

너는 아는 것이 아니었구나

너는 모르는구나

모르면서 모르는 줄도 너는 모르는구나

옳은 것이 무언지, 좋은 것이 무언지, 고운 것이 무언지

사랑도 우정도 용기도

진리도 정의도 정신도

정작 알아야 할 것은 아무것도 모르는구나

나는 그래도 나의 무식 정도는 알고 있는데

너는 너의 그 무식조차도 모르는구나

아하 그렇구나

딱 하나구나

그래서 나는 현자로구나

신탁의 깊은 뜻이 그거였구나….

나는 바보가 아니었다

공연히 목숨을 던진 것이 아니었다

죽음으로써

나는 살아

나의 가치들이 목숨보다 더 비싼 것임을

이천오백 년 후 그대에게도 웅변으로 알린다

어디선가 공자도 수레 멈추고

합창인 양 나에게 화답한다

들리지 않는가. 이 봄날

이 가지에서 저 가지로

동에서 서로, 서에서 동으로

지지위지지 부지위부지 시지야[1] 시지야 시지야…

새들도 그의 말을 전하고 있다

---

1 지지위지지 부지위부지 시지야知之謂知之 不知謂不知 是知也 : 아는 것을 안다
   고 하고 모르는 것을 모른다고 하는 것, 이것이 안다는 것이다(논어)

국가

플라톤 철학 1

눈은 보아야 눈

보지 않는 건 눈 아니지

귀는 들어야 귀

듣지 않는 건 귀 아니지

코는 맡아야 코

맡지 않는 건 코 아니지

혀는 맛을 알아야 혀

맛을 모르는 건 혀 아니지

손은 팔에

발은 다리에

꽃은 피고

새는 날고

물은 적시고

불은 태우고

그렇게 제대로 똑바로

지가

지 자리서

지 할 일들 하는 것

통치자도 수호자도 생산자도

지혜-용기-절제로 제 할 일 하면

그 덕들 어우러져 피워낼 꽃

그 꽃이 바로

국가의 정의

반갑소

노나라 공孔선생

군君은 군답게 신臣은 신답게 부父는 부답게 자子는 자답게

그렇게 이름 바로 잡으라시니

우린 동지올시다

해야 할 '말' 했으니
우리는 할 '일' 한 게요

눈은 보고
귀는 듣고
그러면
나라 잘 돌아갈 게요
암요
나라 잘 돌아갈 게요

이데아

봄이 왔네
산수유가 피고 진달래도 피고 벚꽃도 피었네
꽃이 지고
봄이 갔네

여름이 왔네
아카시아가 피고 수국이 피고 해바라기도 피었네
꽃이 지고
그리고 여름이 갔네

가을이 왔네
코스모스가 피고 억새꽃도 피었네
꽃이 지고
가을도 갔네

겨울이 왔네

동백이 피고 이윽고 매화도 피었네

꽃이 지고

그리고 겨울도 갔네

다시

봄이 오고 … 봄이 가고

여름이, 가을이, 겨울이

오고 그리고 갔네

오고 그리고 가도

봄은 봄, 여름은 여름, 가을은 가을, 겨울은 겨울

천년이 가도 만년이 가도

꽃은 꽃, 지지 않는 꽃

진달래는 여름에도 진달래

해바라기는 가을에도 해바라기

코스모스는 겨울에도 코스모스

동백은 봄이 돼도 동백꽃

변하지 않는 사물들의 기본 그림들
태초에 누군가가 그린 설계 그대로
구석구석, 가득가득
세상을 구축하고 있는 '원상'들!
관념을 채우고 있는 '이데아'들!

사물'들' 속에서 비로소 얼굴 내미는
생각'들' 속에서 비로소 손에 잡히는
'선'을 필두로 한 선천의 선물
이데아들!

원인

옛날옛날 어느 먼 신화의 나라에
포도를 담는 예쁜 은쟁반이 살고 있었다네
너무나 예뻐서 서로가 차지하려고 다툼이 일어났다네

"내가 없었다면 은쟁반이 아니었을 테니 이건 내 꺼요"
은의 신이 말했다네

"내가 없었다면 쟁반이 아니라 목걸이가 되었을 테니
이건 내 꺼요"
동그라미의 신이 말했다네

"내가 없었다면 단지가 되었을지도 모르는데…
그러니 이건 내 꺼요"
담겨 있던 포도의 신이 말했다네

"내가 없었다면 돌덩어리와 뭐가 다른가.

두들겨준 내가 임자요"
망치의 신이 말했다네

아옹다옹 다투다가 화가 난 신들
각자 자기 것을 챙겨 거두어 갔네
은의 신은 질료를
원의 신은 형상을
포도의 신은 목적을
망치의 신은 운동을
나누어 가졌다네

은쟁반은 형체도 없이 죽고 말았다네
모두들 슬퍼하고 후회했다네

눈물이 미움을 씻자 사랑이 싹터
네 신은 화해를 했다네

넷이서 힘을 모아

이번에는 더 예쁜 은쟁반으로 환생시켰다네

그 은쟁반 위에 기쁨과 행복과 만족이 가득 담겼다네

은쟁반은 그 후 금주전자를 만나

오래오래 행복하게 살았다네

자연의 원인

변화의 원인

원인 4형제의 아름다운 이야기

자연학 다음의 형이상학!

존재의 질서!

추론

귀납이가 가로되

매화꽃이 피었다

예뻤다

진달래가 피었다

예뻤다

벚꽃이 피었다

예뻤다

라일락도 예쁘고

수국도 예쁘고

아카시아도 예쁘고

그리고

코스모스도 억새꽃도 예쁘고

동백꽃도… 그래, 눈꽃도 예쁘다

매화도 진달래도… 모두 꽃이다

고로

모든 꽃은 예쁘다

      *

연역이가 가로되

모든 꽃은 예쁘다

매화도 진달래도 벚꽃도 꽃이다

할미꽃도

제비꽃도

장미꽃도

호박꽃도

개나리도

들국화도

그래, 에델바이스도

모두 꽃이다

고로

매화는 예쁘다

고로

에델바이스도 예쁘다

*

하나에서 열을 보면

그게 곧 귀납

열에서 하나를 보면

그게 곧 연역

행복

내 이름은 마느미

돈을 많이 벌 거야

벌어서 부자가 될 거야

그래서? 그래서…

좋은 옷도 입고 맛있는 것도 먹고 큰 집에서 살 거야

부동산도 사고 고급차도 살 거야

그러면 … 행복할 거야

내 이름음 노프미

대통령이 될 거야

되어서 힘을 가질 거야

그래서? 그래서…

악당들을 혼내줄 거야

나라를 위해 국민들을 위해 좋은 일을 할 거야

그러면 … 행복할 거야

내 이름은 널브미

유명인이 될 거야

되어서 이름을 날릴 거야

그래서? 그래서…

사람들이 나를 다 알아보고

칭송하게 할 거야

그러면 … 행복할 거야

뭐야, 돈도 지위도 명예도

결국은 모두 다 수단이구만

목적은 모두 다 행복이구만

그렇다면 잘 새겨보시게

새는 나는 것이 행복

물고기는 헤엄치는 것이 행복

꽃은 피는 것이 행복이듯이

우리 인간은

인간만이 갖는 것

이성을 따르는 것이 행복이라네

돈도 지위도 명예도 다 좋지만

적당히들 하시게

넘치는 것은 모자람만 못하단 말

못 들었는가

중용에 따르는 덕을 부디

잊지 마시게

오래오래 진정으로 행복하려거든!

나는 사람을 찾는다

디오게네스 철학

사람을 찾노라

어디 사람 없는가?

환한 대낮에 등불까지 밝혀 들었는데도

사람 같은 사람

좀체 없구나

동이든 서든

남이든 북이든

세상숲 낱낱이 뒤지며 보물찾기 해보세

사람 같은 사람 어디 없는지

사람 만드는 덕은 어디 없는지

사람 되려면

있어야지

기품 있으려면

있어야지

행복하려면

있어야지

돈 같은 것 말고

명성도 말고, 문벌도 말고

사람 속에서 빛나는 덕이라는 보물

오직 그 덕만 보고서

사람 재는 사람 어디 없는가?

소찬에 찬물로 배를 채우고

수수한 천으로 몸을 두르고

술통을 집 삼아 잠이 들어도

그런 건 부끄러움이 되지 않나니

세상의 흥 따윈 소음일 뿐

죽음보다 더 나쁜 건 수치라는 것

나는 세계에 속한 시민일진대

나의 조국은 세계일진대

마케도니아의 대왕이 대수던가

안렉산드로스여

찾아와준 건 고맙소이만

거기 서서 햇빛이나 가리지 말고

옆으로 좀 비켜주시오

그게 내가 당신께 바라는 유일한 소원

그게 당신이 줄 수 있는 단 하나의 선물

아시겠소?

나는 철학자니까 디오게네스니까

에포케[판단중지]

퓌론 철학

그만둬
스승이 도랑에 좀 빠졌기로서니
제자가 아랑곳 않고 갔기로서니
이렇다 저렇다 옳다 그르다
판단하지 마

그만둬
오늘 너의 주식이 얼마 됐는지
올랐는지 내렸는지 팔 건지 살 건지
새카맣게 속 태우며 신경 쓰지 마

그러지 마
어떻게든 한 자리 건지겠다고
이 줄이 좋을지 저 줄이 좋을지
이런 수가 좋을지 저런 수가 좋을지
잔머리 굴리지 마

그러지 마

다 그만둬

판단하지 않아도 새들은 날고

판단하지 않아도 꽃들은 피고

해도 달도 별들도

판단하지 않지만 빛나고 있잖아

세상사

시시비비

인생사

호불호

다 그만둬

명경지수라는 옛날 말

들어봤을 터

그렇게

고요히

네 마음 지켜

평상심, 무관심, 부동심

그 마음이 행복의 바탕일지니!

행복이 모든 것의 기준일지니!

아타락시아

에피쿠로스 철학

안녕? 니 하오! 곤니치와!
하우 아 유? 비 겟츠? 사 바?

생각해봤는가
왜들 그렇게 인사하는지
사람 사는 게 참 그렇더군
안녕하기가
좋기가
늘 그렇기가
그게 참 쉬운 게 아니더군

촛불처럼
호수처럼
작은 바람에도 흔들리고
작은 바람에도 일렁이는
약하디약한 것이 우리네 사람 마음

잡초처럼

끝없이 자라 마음 어지럽히는

시커먼 욕심 욕심들…

그러니

그저 배나 굶주리지 않고

그저 목이나 마르지 않고

그저 옷이나 헐벗지 않고

그러면

제우스와도 행복을 겨뤄보리라

그러면

흔들림 없는 마음

그게 쾌락이 아니고 무엇인가

배 터지게 먹고 마시고 즐기자는 게

그게 어디 진정한 쾌락이겠나

먹고서 살 빼기가 얼마나 힘든지

마시고 속 쓰린 게 얼마나 괴로운지

놀고서 세월 가는 게 얼마나 허망한지

아는 자는 알 터 그 고통

진정한 쾌락은 따로 있나니

그것이 바로

마음의 평정!

아파테이아

제논 철학

퐁
고요한 연못에 던진 작은 돌
하나 둘 셋…
물결의 원반으로 커져가듯이
고요한 마음
욕심 하나 잘못 씨를 뿌리면
끝내는 마음밭 황폐해지고
한시도 편할 날이 없을 지니

아서라
말아라
조심하거라

돈이 제아무리 좋다고 한들
너의 그 가는 목숨 살 수가 없고
권력이 제아무리 좋다고 한들

결국은 무덤 속에 잠들어 있고
명예가 제아무리 좋다고 한들
그 인기 십 년을 채 가지 못하고
여색이 제아무리 곱다고 한들
화무십일홍 들어봤겠지?

시간이 모든 것을 거두기 전에
살고 있는 너의 그 마음 한 자락
고이 가꿔라
고이 가꾸어
행복 피워라

바람이 불고
비가 내려도
천둥이 울고
번개가 쳐도

흔들림 없는 아파테이아 찾아 나서라
끄떡없는 마음 하나 지켜내거라

아파테이아가 니르바나와 다름없나니
그 안에 진정한 행복
숨어 있나니, 숨어 기다리나니…!

일자와 유출

플로티노스 철학

부모 없이 나온 자식 보았더냐

씨앗 없이 열린 열매 보았더냐

구름 없이 내리는 비 보았더냐

부모인들 처음부터 부모이더냐

씨앗인들 처음부터 씨앗이더냐

구름인들 처음부터 구름이더냐

보라

네 눈앞에 존재하는 만물들

보라

네 눈앞에 펼쳐지는 만상들

그 모든 것이 '하나'로부터 흘러나온 것

'하나'가 모든 것들을 있게 만든 것

태초에 '하나'가 존재했나니

'하나'는 스스로 충만했나니
'하나'로부터 정신이
'하나'로부터 영혼이
'하나'로부터 생명이
'하나'로부터 물질이
그렇게
'하나'로부터 만물이 흘러나왔나니

'하나'는 모든 것보다 앞에 있는 것
'하나'는 모든 것보다 위에 있는 것
'하나'는 홀로 모두를 품고 있는 것

'하나'는 충만하여 흘러넘치나
넘쳐서 마르는 일은 결코 없는 것
해가 아무리 빛나도 꺼지지 않듯
샘이 아무리 솟아도 마르지 않듯

'하나'는 언제나 충만하신 선^善

선으로부터 멀어진 게 다름 아닌 악

세상이 세상 된 게 이와 같으니

인간이 주인인 양 설치지 말라

현상만을 보고서 아는 체 말라

'하나'님의 위대함에 옷깃 여미라!

하여 나는

'하나'의 선을 내 몸에 지녀

사랑의 실천이 곧 삶이었지

갈 곳 없는 아이들

내 집에 다 받아서

알뜰살뜰 애지중지

돌보아줬지

맡겨진 재산도

탐내지 않았지

황제도 황후도 날 찾아줬지만

이상국가 건설도 꿈꿔봤지만

그보다도

북적대는 아이들

나의 기쁨이었지

2장 중세편

티베르강으로 합류하는 레테강과 요단강

神 · 普遍 · 平和

신에게로 가는 길

유스티누스 철학

내 일찍이

안 해본 것 없다네

사마리아에서 아테네로 로마로 에페소스로

그 철학적 편력의 나날들

짧지 않았다네

스토아학파, 페리파토스학파, 퓌타고라스학파

그 철학 안의 '종자적 로고스들'

비록 기쁨이었지만

그 빛들도

세상 거친 파도 헤치며 흔들리는 내 삶,

내 영혼의 일엽편주

이끄는 궁극의 등대는 못 되었다네

그러다 어느 길목에선가 만난 저 플라톤

그가 말한 이데아의 관조

영원불변의 그 원상

거기서 한때 희망의 빛을 보기도 했다네

하지만 그 이데아조차도 결국은 결과
그 빛으로도 나는 다 밝지 못해
감히 그 원인을 추구했다네

그 정성이 하늘에 닿은 걸까?
어느 날 내가 만난 그 유대 노인
그가 그 책을 알려줬다네
아직 책이 된지도 오래지 않은 성서라는 것
야훼와 예수의 거룩한 말씀들

아,
거기서 나는 빛을 봤다네
비로소 드디어 마침내 결국!

그것이야말로

'참된 최고의 철학' 그 자체

나는 뚜벅뚜벅 그 길을 걸어갔다네

누구도 그 길을 가로막을 순 없었네

그 길, 결국은 순교로 가는 길이었지만

나는 아쉽지 않네

그것이 또한

'보편적·신적 로고스, 순수지성, 완전한 진리'인 예수

그분에게로

그리고 신에게로 가는 길이었으니

그러니 기꺼이 목숨도 던질만했지

예수처럼 베드로처럼 바울처럼

그리고 내 뒤로 이어진 저 기나긴

거짓말같이 용감한 순교의 행렬

비록 참담했지만

그것이 이 세상 구석구석

위대한 그 빛 퍼트렸으니

나, 중세의 문턱에 선 유스티누스

그리스철학과 기독교 두 세계를 잇는 철학자로서

신학자로서 호교가로서 순교자로서

바친 그 삶이 오히려 자랑스럽네

불합리하므로 나는 믿는다

테르툴리아누스 철학

불합리하다고?
말도 안 된다고?
그래서
믿을 수 없다고?

글쎄, 과연 그럴까?

불합리하니까
말도 안 되니까
그러니까 그래서 그럴수록 우린
믿어야 된다고!

신의 아들이 십자가에 못 박혔는데
부끄러운 일인데
그러니까 오히려
부끄러워하지를 않지

신의 아들이 죽었는데

말도 안 되는 일인데

그러니까 오히려

확실히 믿지

장사 지낸 신의 아들이 부활했는데

있을 수 없는 일인데

그러니까 오히려

틀림없는 거지

본성적으로 기독교적인 우리 영혼이

비록 죄 있을지나

신을 닮아 영민한 우리 영혼이

그것은 그렇다고 증언해주지

가슴에 손을 얹고

잘 들어봐

세상에 말 되는 게 어디 있는데
세상이 있다는 건 말이 되던가?
만물이 있다는 건 말이 되던가?
인간이 있다는 건 말이 되던가?
저 허공에 별들이 저리 많은데
저것들 무너지지 않는 건 말이 되던가?
합리적이라야만
그래야만 믿을 수가 있는 거라면
인간 세상에 믿을 수 있는 게 뭐가 있는데
네 인생 네 주변 한번 돌아보라고!
없지?

그러니까 믿으라고
좋다 싶으면
옳다 싶으면
그냥 믿으라고

불합리하더라도 그냥
믿으라고

세상만사
합리적으로 설명되는 건
애당초 없으니까
일체만유가 다
불합리한 신비니까

신국

아우구스티누스 철학

그대는 어떤 그대인가
정체를 밝혀라!
하늘나라 백성인가
세상나라 백성인가

물어보자
그대 마음주머니 속에 뭐가 있는지
진리가 있는지 위선이 있는지
선이 있는지 악이 있는지
아름다움이 있는지 혹은
추악한 욕심이 뱀처럼 꿈틀거리고 있는지
그대 꿈속에
영생의 평화는 있는지 없는지

하늘나라 백성?
그대 그 말, 함부로 쉽게 입에 담지 마라

철조망도 없고

감시병도 없는 그 국경

하루에도 열두 번씩 그대도

넘나들고 있는 건 아닌지

아침 다르고 저녁 다르고

오늘 다르고 내일 다르니

하늘나라 백성?

착각이나 아닌지

오만이나 아닌지

알아야 하느니

역사가 두 나라의 전쟁인 것을

보아야 하느니

오늘도 전투가 진행 중인 것을

그대도 이제 선택해야 하느니

복락인지

타락인지

영광으로 갈 건지

몰락으로 갈 건지

산에서 불어오는 녹색 바람 한 줄기

졸졸졸 흐르는 시냇물 소리조차

선의 승리를 위한 응원가임을

시험 앞의 그대

두 눈 똑바로 뜨고 보아야 하느니!

오랜 세월

타락으로 점철된 내 삶 돌이켜

회심으로 다시 뜬

내 눈이 보았듯이!

보편

보에티우스 철학

장미와 백합을 '종'이라 하면
꽃은 '류'라고 하고
꽃과 풀을 '종'이라 하면
식물은 '류'라고 하고
그렇게 사람들은 '종류'라는 것을
알고 있는데

궁금하다

장미와 백합이 이쁘게 피어 있는 줄이야
내 눈이 알고
내 코가 알지만
'꽃'이란 것, '식물'이란 것은
모양도 없고 향기도 없는데
있는 걸까
없는 걸까

사물일까

무엇일까

만약 사물이 아닌 거라면

사물인 저 장미랑은 무슨 관계일까

거참

궁금하다

하지만 잘 생각해보자

꽃도 식물도

있기는 하지

다만 이 장미 이 백합들 모여 생기는 추상인 거지

그러니

그저 한갓 사물은 아닌 거지

그것은 시간과 공간 속에 존재하지 않고

따라서 감각과 인상 속에 존재하지 않고

오직 우리들 지성 속에서만 있는 것이니
그러니
감각적인 사물과는 다른 것이지
그러니
장미는 장미고 꽃은 꽃이지
잘 생각해봐
그러니
서로 이름이 다른 것이지
같은 거라면 이름이 다를 리 없지

하지만
더 생각해보면 알 수도 있지
지금 내 눈 앞에 핀 '이 장미꽃'보다
실은 '장미' 자체가 더 먼저고
실은 '꽃'이 더 먼저라는 것
그것이 바로

보편적 형상

선천적 형상

그것은 플라톤이 알려준 이데아 같은 것

그것은

사물을 통해서 얼굴 내미는 것

우리가 진정으로 알아야 할 것!

요컨대

보편은 실제로도 있다는 말씀!

그냥 소리바람이 아니란 말씀!

자연의 구분

에리우게나 철학

그분 가시고도 8백 몇 십 년

이제 교회도 웬만큼 굳건해졌건만

그래도 '절대적 신앙'

참 쉽지가 않네

하여 나

긍지 높은 아일랜드인 에리우게나

이성으로 풀어

신앙에 좀 기여하려 하네

보게나

이성의 눈에 확인되는 저 자연들

진즉에 철학자들을 놀라게 했던 저 자연들

저것들이 신앙의 씨앗임을

알아야 하리

응? 웬 자연'들'?

하나 아닌 여럿?

그렇다네

모든 것이 다 자연이지만

자연이라고 다 똑같은 자연은 아니라네

잘 보게나

'창조하고 그리고 창조되지 않은 자연', 신

'창조되고 그리고 창조하는 자연',

선, 진리, 영원, 이데아, 존재

'창조되고 그리고 창조하지 않는 자연', 세계, 인간세계

'창조되지 않고 그리고 창조하지 않은 자연',

신과 일치되는 피조물의 완성상태

산이나 들만이

강이나 바다만이

초목과 벌나비만이 자연은 아니라네

신도 진리도 세계도 완전도

인간이 만든 것 아니니

다 자연이라네

범신론 아니냐고?

신성모독 아니냐고?

천만에

일체 안에 다 신의 입김이 서려 있음을 범신론이라 한다면

뭐 범신론이라 부른들 어떠리

다만 그건

신성모독이 아니라

진정한 신성인식임을 우리는

알아야 하리

알기 위해서 나는 믿는다

안셀무스 철학

안다는 것을 부디
낮춰보지 마시길

믿는다는 것을 부디
의심하지 마시길

알기 위해서 나는 믿나니
지식과 믿음은 이어진 것

생각해보자
신이란 누구던가
신은 누구나 그러듯 '완전한' 존재
완전하려면
그 어떤 모자람도 있을 수 없고
'존재한다'는 것도 거기서는
빠질 수 없는 것

만일 존재함이 거기서 빠져 있다면
완전함은 이미 완전치 않고
신은 처음부터 신일 수 없는 것
따라서
신이 신이라면
신은
당연히 존재한다는 것

이렇듯
지식과 믿음은 둘이 아닌 것
지식도 또한 거룩한 은총
지식을 구하는 믿음이 곧 신학이라는 것
다만
아무거나 지식이라고 할 순 없을 터
보편을 볼 줄 아는 이성적 지식
진리의 표준이 되는 교회의 교의

믿음과 일치되는 영혼의 지식

신에 대한

신을 위한

신에 의한

그런 지식이 제대로 된 지식일지니

그런 지식은

믿음과 이어진 성스러운 것

믿음의 결과로 알려지는 것!

앎이 먼저?

믿음이 먼저?

닭이 먼저?

달걀이 먼저?

그런 바보 같은 문제

고민하지 마시길

다투지도 마시길

앎이 믿음을
믿음이 앎을
서로서로 이끌고 밀어주니까!

그러므로 신은 존재한다

토마스 아퀴나스 철학

신이 존재하냐고요?

인과, 동력, 필연, 등급, 목적, 잘 살펴봐요

아닐까요?
저기 저렇게 꽃이 피고 있는데
저기 저렇게 비가 오고 있는데
구름 떠가고 바람 불고 있는데
이 모든 현상들
이 모든 결과들
제 힘으로 저렇게 되는 거던가요?
모든 것을 움직이는 원인이 있다고
그게 신이라고
사람들이 다들 그러잖아요
그러니까 있지요
신은 존재한다고요!

생각해봐요

나는 내가 만든 게 아니잖아요

나는 아버지가 있으니 있고

아버지는 할아버지가 있으니 있고

할아버지는 증조할아버지가 있으니 있고

그러니

누군가 첫 번째 만든 이가 있지 않겠어요?

그 첫 번째 아담을 신이 만들었다고

사람들이 다들 그러잖아요

그러니까 신은 있다니까요!

잘 따져봐요

저기 저 꽃들을 봐요. 나비도 봐요

반드시 피고 반드시 날죠

해는 반드시 뜨고 반드시 지죠

아무렇게나 그런 게 아니잖아요

반드시 그런 게 있잖아요

반드시 그런 것을 반드시 그렇도록 하는 필연적 존재

있잖아요

그게 바로 신이라고

사람들이 다들 그러잖아요

그러니까 신은 있는 거라구요!

그렇잖아요

이쑤시개 위에는 젓가락이 있고

젓가락 위에는 막대가 있고

막대 위에는 판자가 있고

판자 위에는 목재가 있고

목재 위에는 나무가 있잖아요

그렇게

모든 것 위에 가장 높은 존재가 있죠

그게 바로 신이라고

다들 그러잖아요
그러니까 신은 있는 게 맞죠!

유심히 보면
돌멩이 하나도 역할을 하죠
구름도 비도 냇물도 바다도
꽃도 열매도 목적들이 있죠
그 목적의 사다리를 타고서 올라가봐요
그 꼭대기에 궁극의 목적이 별처럼 빛나죠
그게 바로 신이라고
사람들이 모두들 그러잖아요
그러니까 신은 있다니까요!

믿으세요!

신과의 합일

사유의 거장이라더군

참으로 사유해야 할 것을 사유했기에…

삶의 거장이라더군

모름지기 살아야 할 삶을 살고자 했기에

내적 관상에 심취하기보다

고통받는 이웃에 대한 사랑의 길

실천의 길

걷고자 했기에…

신비주의라더군

깊이 있는 것, 멀리 있는 것, 높이 있는 것

보통의 눈들이 잘 닿지 않는 것

보았기에

말하였기에…

목표는 결국

'일자一者와의 합일'

모든 피조물의 저편에 계신 분

보고

저 안의 신성을 잃어버리면

모든 피조물이 한낱 무라는 것

알고

오직 그분에 대한 사랑으로

나를 버림으로 나를

찾고

모든 피조물에서 초탈함으로

순수한 자기의 본질

자기의 독립

완전한 자유

얻고

신에게 자기를 모두 맡기고

모든 것을 초탈한 가난함으로

모든 한정의 의미를 넘어

최고의 덕

거기 이르러

그리하여 신에게 안기는 것

기도도 신앙도

성사도 계율도

초탈의 시작에 필요한 준비일 뿐

목표는 결국

정신 안에 새로운 신의 탄생이 실현되는 것

그것이 바로

지고의 경지

지복 누리며

거룩하신 그분과

하나 되는 것!

의지

둔스 스코투스 철학

"태초에 말씀이 계시니라"

너도 그 말씀 들었으리라

"빛이 있으라"

너도 그 빛 보았으리라

"사람을 만들자" "여자를 만들자"

너도 그 사람, 그 여자 보았으리라

그렇게

모든 것을 있게 한 신의 거룩하신 '뜻'

들었으리라

그리하여

모든 것이 그대로 되어 있는 것

보았으리라

모든 것을 벌하기도 하고

용서도 하는 것

구원도 하는 것

병자도 고치는 것

사자도 살리는 것

뜻하면 무엇이든 뜻하는 대로

이루어지는 것

그 거룩한 '뜻'은

절대적으로 자유로운 것

모든 것보다 우선하는 것

선善보다도 지知보다도

앞서 있는 것

그러니

어설프게 이성과 인식을 운위하지 말라

절대적으로 자유로운 신의 '의지'는

그 모든 것 위에

군림하는 것

신을 닮은 인간의 의지 또한 그와 같은 것
의지는 자유롭고
의지는 지고하니
그는 모든 것의 우위에 서서
명령하는 것
지성조차도 의지의 명을 듣고 봉사하는 것

그러니 너도 네 마음
함부로 먹지 마라
아무데나 너의 뜻
흘리지 마라
이것저것 나쁜 짓일랑 하려들 말고
오직 사랑과 선을 행하시려는
신의 뜻을 닮으라!
신의 의지를!

면도날

옥캄 철학

잘라버려!

사람들 헷갈리게 하는 것

다 잘라버려

보편이니 실재니

다 잘라버려

개체와 경험

확실히 믿을 수 있는 그런 것만 빼고는

다 잘라버려

더 적게도 되는 것을

더 많이 하는 것

그건 낭비지!

생각을 할 때

그건 경제의 원리에 어긋나는 거지

여기

뜰에 핀 이 장미꽃 좀 봐

저리 붉고 탐스럽고

향기로운데

그러면 됐지

모든 '장미'가

'장미' 자체가

'이 장미'처럼 똑같이 붉고 탐스럽고 향기로운지

언제나 어디서나 변함없는지

그건 '이 장미'랑은 다른 것이지

보편은 사물이 아닌 것이지

보편은 실재가 아닌 것이지

사물에 선행하는 게 아닌 것이지

사물에 내재하는 게 아닌 것이지

그것은 다만

추상일 뿐

정신일 뿐

기호일 뿐

이름일 뿐!

그러니

개체와 보편을 잘 구별하고

사물과 명제를 잘 구별하고

직관과 추상을 잘 구별해서

헷갈리며 사유를 낭비하지 말라!

3장 르네상스편

여울목

轉換 · 改革 · 人間

대립의 합치

쿠자누스 철학

"나는 과자 부스러기가 열 개나 있어"

개미1이 자랑스럽게 말했다

"나는 겨우 두 개야…"

개미2가 주눅이 들어 말했다

"나는 덩치가 이렇게 커"

개미3이 거만하게 말했다

"나는 쪼그매…"

개미4가 쫄며 말했다

"나는 더듬이가 이렇게 길어"

개미5가 우쭐대며 말했다

"나는 왜 이렇게 짧아…"

개미6이 한숨 쉬며 말했다

"나는 어딜 가도 다들 알아줘"

개미7이 흐뭇하게 말했다

"나는 아무도 알아주지 않아…"

개미8이 서운하게 말했다

"나는 피부가 이렇게 까매"
개미9가 자신만만하게 말했다
"나는 색깔이 연해…"
개미10이 힘없이 말했다

어느 날
지나가던 어느 구두가 개미 10마리를 밟았다
개미 10마리는 모두 다
납작해졌다
똑같이 공평하게
납작해졌다

있는 개미도
없는 개미도
힘센 개미도
약한 개미도

예쁜 개미도

못난 개미도

화려한 개미도

초라한 개미도

구두가 보기에는 모두 다 같은

개미였다

있는 놈

센 놈

잘난 놈

예쁜 놈

골라 밟지 않았다

유식한 무지

그 큰 눈으로 보면

직선과 곡선이 다르지 않고

공과 색이 다르지 않고

삶과 죽음이 다르지 않고

너와 내가 다르지 않고

선과 악이 다르지 않고

몸과 흙이 다르지 않고

같음과 다름이 다르지 않고

다르지 않고

다르지 않고

다르지 않고…

인간의 존엄

피코 델라 미란돌라 철학

바야흐로

천 년 중세의 어둠이 걷히는 여명의 시대

신과 교회의 품을 떠나려는 홀로서기의 시대

인간의 시대, 이성의 시대, 경험의 시대

그 시대의 장막을 여는 데 나도 일조했지

미란돌라-볼로냐-페라라-파도바-피렌체

파리-페루지아-프라타-로마를 떠돌며

젊은 혈기를 불태웠지

내 비록 서른 하나에 세상 떴어도

그래도

인간이 어떤 건지

그것 하나는 알고서 갔지

하여

인간의 깃발을 높이 들었지

르네상스의 저 푸른 하늘에

보라 우리 인간

비록 덩치는 한 그루 사이프러스보다 작아도

그것은 하나의 소우주

거기엔

원소도 있고

동물도 있고

식물도 있고

이성도 있고

신성도 있고

그리고 무엇보다 주목할 것은 저 위대한 자유의지

그것으로 인간은

성자도 되고

짐승도 되지

나 미란돌라의 피코

나 르네상스의 피코

한 시대의 상징이 내게 있으니

스승 피치노에게도

후원자 로렌쪼 디 메디치에게도

나, 꿀릴 것 없이

자랑스럽네

무릇 군주란

마키아벨리 철학

하느님의 것은 하느님에게
카이사의 것은 카이사에게
그게 맞다
국가는 인간이 다스리는 게 맞다

왕이든 대통령이든 총리든 간에
무릇 국가의 권력 쥔 자들 잘 들어라
너희 선배들 예전에 어떤 길 걸었는지
잘 살펴서 잘 배워라
잘 배워서 잘 해봐라
국가의 운명이 너희 두 손에 달려 있으니
국가와 인민을 생각한다면
망해도 좋은 게 아니라면은
세상과 인간의 진실에 눈떠야 한다

군주는 무릇

여우와 사자를 겸해야 한다

사자는 함정을 피할 수 없고

여우는 이리를 막을 수 없다

함정을 알기 위해서는 여우가 되고

이리를 쫓기 위해서는 사자가 되라

군사와 인민을 양팔에 끼고

등에는 귀족을 업고서 가라

평소에 대비를 잘 해둔다면

비상시에도 위기를 면할 수 있다

때로는 강하게 악하게도 하라

유하고 선하면 도전받나니

관용일랑 지나침이 없도록 하고

사랑보단 두려움의 대상이 되라

함부로 남의 재산 부녀자 건드리지 말고

특히나 군인한테는 미움 사지 말라

검약과 인색을 가치로 삼고

세금은 적게 걷어 사치하지 마라

처벌은 부하들을 시켜서 하고

호의는 네가 직접 베풀어줘라

측근들을 함부로 다루지 말고

동맹과 친선으로 힘을 빌려라

지혜로운 관리를 잘 골라 쓰되

마지막 결정만은 네가 내려라

권력자들아

목적을 생각한다면 권모술수 꺼리지 마라

결과를 기대한다면 수단방법 가리지 마라

기특하도다

세상 궁전에 넘쳐나는 나의 제자들

너희 조국에 영광 있다면

부디 내 이름 기억해달라!

세상의 이치를 꿰뚫고 있는

나는야 군주의 스승 마키아벨리!

유토피아

모어 철학

인생살이

세상살이

탈도 많은데

찾노니

묻노니

이런 데는 없을까

부디

아는 사람 있으면 가르쳐주오

금과 은과 보배가 가득 넘쳐도

아무도 내 재산으로 탐하지 않는 곳

도시든 농촌이든 오고 가면서

차별 없이 열심히 일하면서 사는 곳

일은 하루 그저 6시간쯤

일하지 않고 사는 자는 아무도 없는 곳

필요한 물건은 모두가 함께 만들고

필요한대로 공평하게 나누어 쓰고

모두가 똑같은 옷을 입고 사는 곳

아무도 사치에는 관심 없는 곳

여행은 누구나 자유이지만

어딜 가나 제 할 일은 하며 사는 곳

남는 물건은 수출해서 금은을 벌고

그 돈은 만일을 위해 쌓아두는 곳

금은은 평소

변기나 쓰레기통을 만들어 쓰며

부당하게 노예가 되는 자가 아무도 없는

불치병자는 원하는 대로 안락사하고

훌륭한 선택이라고 모두에게 존경받는 곳

자살은 없고

간음도 없고

누구든지 전쟁을 싫어하는 곳

부득이한 경우에는 목숨도 걸고

모두가 살아있는 유일신을 믿고 사는 곳
문제도 범죄도 사라져버린 곳

세상에서 가장 좋은 체제가 갖추어진 곳
배려가
질서가
꽃으로 피고
나비로 날고
인간이면 누구나 다 행복해지는 곳

있은 적 없는 곳
있을 수 없는 곳
그래도 꿈꿔보는 꿈 같은 그곳!

오로지 신앙

루터 철학

그래

죄 있으니

사람마다 누구 할 것 없이 죄 있으니

회개하는 건 맞다

하지만

면죄부라니

당치도 않은!

교회와 교황의 권위야 숭고하지만

천국의 입장권 돈 내고 사가라니

헐,

십자가의 우리 주님 기겁하실 일!

교회의 권위에는 복종하면서

다른 모든 것들에 오만하다면

주님이 과연 그 죄 사해주실까?

죽을 이에게

지옥과 연옥으로 겁주지 마라

공포와 절망은 이미

그것으로 충분히 지옥이어니

회개한다면

진심으로 뉘우치고 회개한다면

오직

구원의 확신을 그에게 주고

대신 기도함으로 주님의 응답 기다린 후에

그때

모든 죄 용서받았음을 선언해줘라

구원의 축복이야 숭고하지만

교황의 비싼 면죄부

어찌 제대로 구원이 되랴

어찌 온전한 해방이 되랴

돈으로 천국의 열쇠를 사고파는 자

영원한 저주를 두려워하라

진심으로 뉘우치고 회개하는 자

면죄부 없이도 이미

천국의 열쇠 쥐고 있나니

온갖 선행이 교회의 사면보다 더욱 크나니

가난한 네 이웃들 못 본 채 말라

헌금의 설교가 주님 말씀을 대신한다면

그런 설교야말로 바로

주님의 적

교황의 적

말씀의 적인 것을!

교회의 참된 보물은 오로지 하나

주님의 영광과 은총인 거룩한 복음

경건과 사랑과 그리고 진리

'오로지 신앙'

그것 하나로

'나는 주님 앞에 홀로 설 수 있나니'

교회의 권위와 권력만으로

부디 이것을 대신하지 말라!

내일이 이 세상의 종말일지라도

나는 오늘

한 그루의 사과나무를 여기 심으리!

'끄 세 쥬?'[2]

새 인간 새 지성을 더듬어보는

새 시대의 새 귀에

이와 같이 나의 펜은 입을 연다

가난과 부유는

각자의 마음가짐에 달려 있다

부는 권세와 건강과 마찬가지

가진 이에 따라 그 느낌이 다르다

사람은 마음먹기에 따라

행복하기도 하고 불행하기도 하다

가장 명백한 지혜의 징표는

항상 유쾌하게 지내는 것이다

건강은 유일무이의 보배이며,

---

2 Que sais-je: '나는 무엇을 아는가?'라는 의미로 몽테뉴 철학의 하나의 상징적
   인 문구가 되었다. 몽테뉴의 정신을 이어받은 프랑스의 끄세쥬 문고는 현재까
   지도 전 세계에서 사랑받고 있다

이것을 얻기 위해서는 때로 목숨도 건다

결혼은 새장 같은 것이다

밖에 있는 새들은 함부로 들어오려고 하나,

안에 있는 새들은 함부로 나가려고 몸부림친다

부부 사이는 항상 같이 있으면 오히려 소원해진다

고통을 주지 않는 것은 쾌락도 주지 않는다

국가 간의 전쟁 역시도

우리가 이웃과 다투는 것과 같은 이유로 시작된다

탐욕은 일체를 얻고자 욕심내어서,

도리어 모든 것을 잃어버린다

노쇠는 얼굴보다도 마음속에 더 많은 주름을 남긴다

우리는 한 푼 돈에는 인색하면서도

시간과 생명을 한없이 낭비하고 돌아보지 않는다

독서만큼 값싸고 오래 즐길 수 있는 것은 없다

마음에도 없는 말을 하기보다는

침묵하는 쪽이 차라리 그 관계에 도움 된다

이만하면 알 것을 다 알고 있는데

그래도 나의 펜은 뻐김이 없다

끄 세 쥬?

나는 무엇을 아는가?

내가 무엇을 안단 말인가?

이 회의

이 겸손

그런데도

세상에는 아는 체하는 박사들이 너무나 많다

당신은 무엇을 아는가?

당신이 무엇을 안단 말인가?

본래 어디서나

동이나 서나

빈 수레가 더 요란한 법

모르는 자가 더 떠벌리는 법

우주라는 책

갈릴레이 철학

그래요

맞아요

난 과학자죠

근대 천문학, 근대 물리학, 근대 과학

내가 그들의 아버지라는군요

아버지란 그 이름,

나도 자랑스럽죠

그런데

과학자는 철학자가 아니란 법 있나요?

뉴턴도

라이프니츠도

파스칼도

과학과 철학에 양다리를 걸치죠

나도 그래요

망원경으로 내가 관측한

저 달, 저 별, 저 태양, 저 우주

그것들도 다 자연이고 세계니

그것에 대한 내 일가견

철학이 아니라면 나도 섭하죠

우주는 참 경이롭죠

바로 그 드넓은 우주

우주라는 그 책에 철학이 적혀 있죠

수학이라는 언어로!

삼각형, 동그라미, 기하학적 수치들

그런 게 다 그 문자인 거죠

그 책에서

난 읽어냈죠

코페르니쿠스가 맞더라고요

태양이 지구를 도는 건

무지의 오류

지구가 태양을 도는 건

과학적 진실

교황청 사람들

재판으로 날 강요하고 연금했지만

그래서

마지못해 내 생각 접는 척은 했지만

까짓 거 뭐

그런다고 돌던 지구가 멎기라도 하나요

가만있는 태양이 돌기라도 하나요

그들이 뭐라든

내가 뭐라든

"그래도 지구는 움직이고 있죠"

다만

속도와 가속도 개념도 나, 연구했지만

피사의 사탑 이야기는 믿지 마세요

거기서 실험한 건 아니니까요

4장 근세편

새로운 물줄기

經驗·理性·精神

네 가지 우상

인간들아

너희 눈, 너희 귀, 너희 코, 너희 혀

너무 믿지 마라

똑같은 것이

예쁘기도 하고 밉기도 하고

즐겁기도 하고 짜증도 나고

향기롭기도 하고 역겹기도 하고

달콤하기도 하고 씁쓸하기도 하니

믿더라도 적당히

그저 한 절반만 믿으라

개구리들아

광야도 모르고 대양도 모르는

개구리들아

좁아터진 우물 속에서 개굴 개굴 개굴

잘난 척 떠든다고

잘난 거더냐

아무리 잘난 척 떠들어봐도

개구리는 개구리

우물은 우물

오리새끼들아

언제까지나 그렇게 어미 뒤만을

졸졸졸 꽥꽥꽥

따라다니지 마라

네 어미가 사실은 닭이었다면

더군다나 잡혀서 통닭이 되면

그래도 어미라고 따라갈 테냐

튀김이 되더라도 따라갈 테냐

너는 너대로 푸르른 창공

두 날개 활짝 펴고 날아보거라

강아지들아

부러워 마라

너희만도 못한 인간들 많다

멍멍 끙끙 낑낑만 해도

너희는 너희끼리 말 통하지만

인간들은 말 안 통하기가

벽과 같단다

아 하면 어로

어 하면 아로

딴소리 하는 인간들

너무 많단다

이러니
종족도 동굴도 극장도 시장도
감각도 편견도 권위도 언어도
조심 또 조심!

귀납

장미는 예쁘다

백합은 예쁘다

벚꽃은 예쁘다

장미는 꽃이다

백합도 꽃이다

벚꽃도 꽃이다

고로

모든 꽃은 예쁘다

바나나는 맛있다

딸기는 맛있다

배는 맛있다

바나나는 과일이다

딸기도 과일이다

배도 과일이다

고로

모든 과일은 다 맛있다

파리의 연인은 재미있다
시크릿 가든은 재미있다
신사의 품격은 재미있다
상속자들은 재미있다
태양의 후예는 재미있다
도깨비는 재미있다
파리의 연인도
시크릿 가든도
신사의 품격도
상속자들도
태양의 후예도
도깨비도
다 김은숙 작이다
고로

김은숙 작은 다 재미있다

그렇게 하나하나 구체적으로
경험하면서
보편적인 법칙
알아가는 거지

하나 둘 셋 넷 다섯도 그렇고
열 백 천 만 십만도 그러면
그러면
모든 게 다 그런 것
일반적인 것
보편적인 것
자연의 제일성이 보증하는 자연의 법칙
그런 게 귀납!

리바이어던

홉스 철학

인간들

그냥 내버려둬봐

어떨까

제멋대로 설쳐대는 그 꼬락서니

사람은

사람에 대한 늑대

만인의

만인에 대한 투쟁

이기심과 우월감과 경쟁심만이

날카로운 이빨 드러내고 으르렁대는

살벌한 정글

좋겠는가 그대

기만이 승리를 취하는 비참한 모습

자연 그 상태에 남는 거라곤 결국

고독하고 가난하고 야수 같고 짧은

한심한 인생

불쌍한 인생

그러니

그냥 살 수는 없지 않겠나

뭔가 어떻게든 해야지 않겠나

그래서

자연법으로 다들 계약을 맺어

국가 만들어 권력을 맡겨준 거지

국가란 거 그거

인간의 기술이 만든 기계 같은 것

일종의 거대한 인공의 인간

심장은 태엽, 신경은 벨트, 관절은 톱니

그렇게 인간이 자동기계 같듯

그렇게 국가도 자동기계 같지

주권은 혼, 관리는 관절

상벌은 신경, 가문과 재산은 체력

안보는 역할, 원로들은 기억

형평과 법은 이성과 의지

평화는 건강, 소요는 질병

내란은 죽음

이 모든 사회계약은 마치

"…있으라" 하신 창조자의 저 명령 같은 것!

이 모든 것, 제대로 잘만 돌아가 준다면

국가는 인간들에게 꼭 필요한 악

그렇게라도 해서

인간을 인간으로부터 지켜야겠지

국민의 평화와 안전을 얻어야겠지

비록

불멸의 신은 아닐지라도

살아야 할 가련한 인간들에게는

국가는 거의가 신 같은 존재

크고도 강력한 리바이어던!

나는 생각한다 고로 존재한다

데카르트 철학

모조리 다 다 흐리멍텅해

학교에서 가르친 모든 것

그들이 진리라던 모든 것

난 이제

나 자신과

세상이라는 커다란 책

직접 읽어봐야겠어

하여

새 시대의 문을 열어야겠어

뭘 믿겠어?

네 눈을 믿겠어?

네 귀를 믿겠어?

사람들 제각각 배필 고르는 것 봐

제 눈에 안경이라는 데 눈을 믿겠어?

사람들 귀에 꽂고 음악 듣는 것 봐봐

누군 베토벤, 누군 싸이가 최고라는데 귀를 믿겠어?

그렇다고 코를 믿겠어? 입을 믿겠어?

누군 향수를 뿌려도 상 찌푸리고

누군 홍어도 향기롭다는데 코를 믿겠어?

네 입은 어때?

그렇게 맛있다는 제비집요리

한 백 일만 질리지 않고 먹겠다면 믿어봐주지

뭘 믿겠어?

'일 더하기 일은 이'를 믿겠어?

사람들 우스갯소리 들어보라고

아내 더하기 남편은 둘이 맞지만

금슬 좋은 부부는 하나도 되고

자식들 줄줄이 낳으면 셋 넷도 되는데

믿을만한 진리가 뭐가 있겠어?

응? 가만!

아하, 그렇군

아무리 그래도 믿을 건 있네

내가 지금 이렇게

믿을 것 없다고 열 내고 있다는 사실!

요리조리 머리 굴리고 있다는 사실!

공평하게 타고난 이 내 이성이

그거 하나는 절대로 보장해주지

나는 생각한다고

고로

나는 존재한다고

생각하는 그 나는 존재한다고

이건 절대로 의심할 수 없어

이게 명석판명한 진리 아니고 무엇이겠어!

생각하는 갈대

파스칼 철학

두렵다

저 무한 공간의 영원한 침묵

두렵다

공간 속 하나의 점으로 날 삼키는

아득한 저 우주의 크기

생각에 담아본 적 있는가

한번이라도

정색을 하고 물어본 적 있는가

여기가 어딘지

내가 누군지…

나는

갈대였다

약하디약한 갈대였다

바람이 불면 바람에

비가 내리면 비에

천둥이 울면 천둥에

흔들리고 젖고 놀라면서

간신히 가까스로 살아나왔다

갈대가 맞다, 나는

나를 없애려

온 우주가 무장할 필요는 아예 없었다

물 한 방울로 나는

간단히 한 순간에 죽을 수도 있었다…

그래도 나는 안다

생각으로 나는 우주에

맞설 줄 안다

생각으로 나는 우주를

담을 수 있다

우주가 나를 죽인다 해도

나는 내가 죽음을

안다

우주는 모르고 있음을

안다

그리하여 나는 존귀하나니

그리하여 나는 우월하나니

생각하는 갈대인 채로 나는 위대하나니

인간이여

그대 가련한 인간들이여

너무 기죽지도 말고

너무 설치지도 말고

알맞게

중간을 잘 지켜나가며

너를 만드신 신의 큰 뜻을

깊이깊이

헤아려보라, 마음의 논리로!

경험

로크 철학

돌이켜 봐봐

네 어릴 적 어린 가슴 속

아직은 거기

엄마랑 맘마랑 동무랑 놀이랑

그런 것 빼면 별 것 없었지

그런데 봐봐

몇 십 년 삶에 지친 지금 네 가슴속

지갑에 계급장에 명함에 주소록

청소도 불가능한 찌꺼기들까지

넘치도록 터지도록 가득 찼잖아

그리고 봐봐

뻐근한 네 머릿속은 또 어떤지

탈레스에서 하버마스까지 이천육백 년

철학사 한 권이 통째로 있고

공맹 노장에 불학도 있고

국영수에 독어 일어 사전도 있고

그뿐이던가

하이델베르크 고성에 돌다리도 있고

프라이부르크 검은 숲에 돌도랑도 있고

케임브리지 찰스강에 요트들도 있고

소주와 맥주와

오징어와 땅콩

꽃피는 봄사월

낙엽지는 시월…

인간과 세계가 송두리째 있잖아

당초엔 무엇 하나 없었댔는데

새하얀 백지로 비어 있었는데

타불라 랏사로 빈 판이었는데

이게 다 어디에서 왔다는 거지?

그래

그렇다니까

경험이라니까

살면서 겪으면서 새겨보면서

그렇게 하나씩 채운 거라니까

권력이 집중되면 위험하다는 것

권력이 분산되면 견제한다는 것

경험이 알려준 진리라니까

나의 영국

너의 한국

특히 잘 아는!

피로 쓴 민주!

신즉자연

스피노자 철학

그들은 모른다
그들, 신의 이름을 팔아 권위를 사고 있는
정작 그들은 신을 모른다

주여 주여 하는 자가 다 천국에 가는 것은 아니라고
그 주가 안타까이 탄식했듯
그들의 가슴에는 신이 없다

봄이 오면 꽃 피고 흰나비 날고
종다리 높이 솟아 노래하는데
그들은 거기서 느끼지 못한다, 신의 숨결을
광활한 우주
가득한 별들
수십억 세월 한결같이 반짝이는데
그들은 거기서 느끼지 못한다, 신의 눈짓을
따스한 오월의 바람이 아카시아 향기로 뺨을 스치고

나른한 햇살은 평화의 오수를 선사하는데
그들은 거기서 느끼지 못한다, 신의 손길을

더 이상 무슨 말을 어떻게 하랴
저 놀라운 자연의 존재
저 오묘한 자연의 질서
저 엄정한 자연의 필연
저 모든 것이 신의 품 안에 있을진대
신이 주신 이성이 그렇다는데
'신이 곧 자연' 아니고 뭐란 말인가

그 말 했다고
교회에서 나가라면 나갈 수밖에
파문 따위가 철학자에게 대수겠는가
루이 왕이여 하이델베르크대여
도와주겠단 당신들 호의는 눈물겹지만

나

렌즈알이나 갈면서

청빈낙도하면서

제3종 인식으로

신에 대한 지적인 사랑으로

오직 최고의 복락을 찾으리다

부디

인간의 흐린 눈으로 세상 보지 말고

영원의 상 아래서

가늠하기를!

단자

라이프니츠 철학

세상도 하나

세상 가득 채우고 있는 것들도

하나 하나 하나

그 하나 이루고 있는 부분들도

하나 하나 하나

제가끔 제자리서 제 할 일 하는

삼라만상의 요소들 그 하나 하나

그게 제가끔 실체인 단자

단자라는 것

그게…

뭐 별난 거겠소

사람도 단자 나무도 단자

꽃도 단자 풀도 단자

얼굴도 단자 몸도 단자

팔도 단자 다리도 단자

눈도 단자 귀도 단자 코도 입도 다 단자

뿌리도 둥치도 가지도 잎도 제각각 단자

꽃잎도 꽃술도 꽃씨도 꿀도 제각각 단자

세상에 가득한 단자 단자 무수한 단자들…

눈은 보면서 눈 노릇 하고

귀는 들으며 귀 노릇 하고

입은 먹으며 입 노릇 하니

듣는 눈 없고 먹는 귀 없고 보는 입 없으니

그러니

제각각 완결된 단자는 창문이 없죠

하지만

그렇다고 뿔뿔이 따로 노는 건 아니지 않소

향기는 꽃이랑 이어져 있고

잎새는 나무랑 이어져 있고

눈은 얼굴이랑 이어져 있고

그렇게 화조초목이 다 함께 어울리지 않소

단자는 그렇게

온 우주를 비추는 거울이라오

그게 어디 예삿일이겠소

억조만물이 제가끔 하나면서도

억조만물이 뒤엉켜 세계 이루며

꽃 피고 새 울고

기쁘고 슬프니

예정된 조화 놀랍지 않소

잘난 인간들 제아무리 용쓴들

이보다 더 나은 세상 만들 수 있겠소

풀꽃 위에 살랑이는 나비 한 마리

저리 예쁘게 날릴 수 있겠소!

존재는 지각이다

버클리 철학

아침에 수국이 피었지
무지개빛깔
물기 머금은 채 곱기도 했지
내 두 눈에 곱게곱게 비쳐왔지

뒷산에서 까치가 울었지
오마지 않은 이가 올 듯도 하여
그 까치 괜스레 반가웠지
내 두 귀가 똑똑히 들었지

며칠 전 봄바람에 아카시아향기 실려 오더니
오늘은 라일락향기 골목에 그득하였지
가을밤 무서리 내리고
천둥이 먹구름 속에서 울고
국화꽃 노오랗게 피어나면
내 코는 또 가을 향기에 취하겠지

내 어릴 적

어린 친구들 몇몇이 모여

학교 마당에 핀 샐비어 꽃잎 따서 빨았지

달콤한 꿀맛

아직도 내 혀끝에 남아 있지

세월은 가도

내 손끝은 여전히 잊지 못하지

스물다섯 그녀의 비단 같던 손

떨면서 살며시 잡아보던 손

빛깔은 모두 내 눈에 있고

소리는 모두 내 귀에 있고

향기는 모두 내 코에 있고

맛깔은 모두 내 혀에 있고

촉감은 모두 내 손에 있으니

있다는 것도
어떻다는 것도
나의 지각이 알고 있는 것
그래서 존재는 지각이라는 것!

내가 없으면 네가
네가 없으면 그가
그가 없으면 신이
지각으로 존재를 보증할 테지
그래서 존재는 지각이란 게지!

인과란 없다

흄 철학

까마귀 날자 배 떨어진다고
그게 어디 인과겠어?
억울한 까마귀한테 물어보라구
배 떨어지고 까마귀 나는 경우도
얼마든지 있지

착하게 살면 복 받는다고
그게 무슨 인과겠어?
세상에 착한 사람은 쌔고 쌨지만
복은 웬일인지 착한 사람만
골라서 살짝 피해가더구만

거참
오죽했으면
인과를 깡그리 부정했을라구

세상에 '반드시'라는 건
없더라니까!

아침이 오면
반드시 해가 뜬다고 다들 믿지만
어떤 사람은 한평생에 한두 번
해 뜰까 말까고

봄이 오면 반드시
꽃 핀다지만
세상에는 봄 지나고 여름이 와도
꽃은커녕 칼바람만 쌩쌩
차갑더구만

믿을 거라곤 그저
네 눈, 네 귀, 네 코, 네 혀, 그리고 네 손

그것들이 맞이하는 인상들뿐

인과란 그저
사태1과 사태2의
앞뒤일 뿐
연속일 뿐
가까움일 뿐
그렇게 그저
마음속에서 발견되는
연결일 뿐
결합일 뿐
결정일 뿐
관념의 다발들이 습관으로 만들어내는
한낱
신념일 뿐!

자연상태

루소 철학

되돌아가자
본래의 모습으로
자연상태로!

아직은 문명과 제도로 불행해지기 전
선한 인간의
행복한 세상
자유와 평등이
꽃처럼 나무처럼 싱그러운 곳
보존과 연민의 본능만으로
만족이 샘처럼 넘쳐나는 곳

되돌아보라
사회라는 곳
부자유와 사악함이 활보하는 곳
불평등과 살벌함이 지배하는 곳

문명도 체제도 권력도 국가도
인간을 노예로 지배하는 것들
그나마 간신히
계약으로 질서를 유지하는 곳

도토리나무 아래서 허기 채우고
흘러가는 시냇물에 목을 축이고
그늘에 누워 잠든 자연인에게는
더 이상 아무것도 부러울 게 없나니

인간이여 부디
인간다우라
이것이 인간에게는 첫 번째 의무니
누구든 어떤 신분으로 살든지 간에
인간다움을 잊지 말고 살아 나가라
인간에 대한 사랑이 거기에 없다면

지혜인들 학문인들 다 무슨 소용

인간을 사랑하고 이해하고 가르치는 것

이것보다 더 큰 사상이 어디 있으랴

하느님

보십시오

얼마나 아름다운 하늘입니까

구름 한 조각 없이 맑게 개인 날

하늘 문을 여시고 날 기다리시는

하느님께로 이제

나는 갑니다

파란만장한 인생

혁명의 씨 뿌려두고 나는 갑니다

순수이성

먹는다는 게 뭔지
그대 아는가?

사과든 땅콩이든 빵이든 떡이든
내 눈앞에 없으면 못 먹는 거지
입이며 혀며 목구멍이며
식도에 위에 창자들까지
소화기 한 세트 있어야지 되지
어디 그뿐인가
맛있는 게 있고 입이 있어도
내가 손 뻗어서 집지 않으면
산해진미라 한들
그림의 떡이지

인식이란 게 뭔지
그대 아는가?

봄날 꽃향기, 여름날 바람
가을날 단풍, 겨울날 설경
춘하추동 제아무리 좋다고 한들
방문 닫고 있어서야 알 길이 없지
내 앞의 현상이라야 알 수가 있지

어디 그뿐인가
내 눈, 내 귀, 내 코, 내 입
미리 갖춰진 감성이 있어야지 알지
그래야 언젠지 어딘지를 알지
어디 그뿐인가
미리 갖춰진 오성이 있어야지 알지
하난지 둘인지
그런지 아닌지
무조건 그런지 어쩌면 그런지
아마도 그런지 반드시 그런지

내 오성, 이해력이 없다면 알 길이 없지

어디 그뿐인가
내 눈 뜨고서 내 머리 굴리며
알자고 내가 나서지 않으면 어찌 알겠어?
사전이 몇 권 있는들 아는 거던가?
내가 내 머리로 외우지 않으면
아무것도 모르는 까막눈이지

'코페르니쿠스적 전환'이란 바로 그런 것
저쪽이 아니라 이쪽이 움직인다는 것
인식이란 주관의 구성이라는 것

밥 먹는 거랑
안다는 거랑
사람이 하는 일인데

다를 게 없지

이렇게 요모조모 잘 따져봐야
우리집 '철학이'도 철 좀 들겠지
이웃집 '수학이'나 '과학이'처럼!

실천이성

그렇게들 살지 마

나만 생각하면서

제발!

이렇게들 살아봐

남도 생각하면서

제발!

그대의

의지의 준칙이

항상 동시에

보편적 입법의 원리로 타당할 수 있도록

그렇게 행위하라!

그대 자신에게나

다른 사람에게나

인격을

언제나 동시에

목적으로 대하고

단순한 수단으로 대하지 말라!

이것이 나의

아니 실천이성의

정언적 명령

무조건이야

의무인 거야

아프리오리야

너무 놀라워

경건이 나를 가득 채웠지

그것에 대해

자주 생각할수록

오래 생각할수록

점점 더해지는 놀라움으로

나를 가득 채우는 저 두 가지

내 위의 저 별하늘

그리고

내 안의 이 도덕률!

자아와 비아

피히테 철학

하나

나인 나

내가 여기 이렇게 있다는 것

둘

나 아닌 너

네가 나에게로 다가온다는 것

셋

달라진 나, 달라진 너

마주해서 우리 서로 달라진다는 것

그래도 나는 역시 나라는 것

변증법이

관념론이

지식학이 뭐

별 건 줄 아나

오늘이
내일을 만나
어제가 되고
그래도 또
새로운 오늘이
있다는 것

처녀가 총각을 만나
부부가 되고
그래도 역시
그 사람은 그 사람
같은 사람이라는 것

나란

나도 나, 너도 나, 그도 나, 그것도 나
하나인 나, 둘인 나, 여럿인 나, 모두인 나
무엇이든
활동하는 주체로서의 나
그래서
'사행'이라는 것

이런 이치 제대로 잘 헤아려보고
온전한
제대로 된 지식의 체계를
세워보자는 것!

자아와 자연

셸링 철학

너무 그러면 곤란하지!

인간님네들

나라는 거 그거

너무 내세우면 못쓰지

정신이라는 거 그거

너무 자랑하면 못쓰지

나도 또한 자연이 아니던가

정신 역시 자연이 아니던가

그런 줄 알면

자연이라는 거 그거

함부로 깔보면 안 되는 거지!

자연도 자아

자연도 정신

비 오고 냇물 흐르고 구름 떠가는 거 그거

꽃 피고 나비 날고 새 우는 거 그거

그게 어디 100도에 물 끓는 거랑 같은 거던가?

아니

100도에 물 끓는 거 그거조차도

인간이 만든 자동차 굴러가는 거랑은 뭔가 다르지

온 식구 물 끓여서 국수 삶아 먹을 때

물 식어가며

흐뭇하게 웃고 있다 느껴본 적 없는가?

절대자가 보면

자연도 자아

자아도 자연

이것도 저것도 동일한 것!

흙인들 모랜들 자갈인들 바윈들

그네들도 제각각 저라는 자연

번갠들 자석인들 석윤들 가슨들

그네들도 제각각 저라는 자연

꽃인들 나빈들 나문들 샌들

그네들도 제각각 저라는 자연

겸허히

오만한 주관의 옷을 벗고

예술의 의인적 가슴 열고

그네들 앞에 가서 물어보라구 그 정체를

잘 들어보면 그네들의 숨소리 들릴 거야

자연도 생명

자연도 영혼

'볼 수 있는 정신 그 자체'라고

거기

주관과 객관이 어디 있겠어

모두가 절대자의 품에 안긴 한 식구

절대적 동일의 자연인 것을!

정신

헤겔 철학

황혼이 되어서야 난다고 해도
미네르바의 올빼미는 보고 있었다
처음부터 끝까지
속속들이 모조리
의식에서 자기의식을 거쳐 이성에까지
존재에서 본질을 거쳐 개념에까지
논리에서 자연을 거쳐 정신에까지
거대한 관념들로 쌓은
화려한 학의 궁전 그 첨탑까지
올빼미는 예리한 눈으로 보고 있었다
깊이깊이 멀리멀리 높이높이 확실히

누구는
제 눈에 안 보인다고 없다 하지만
개인이며 사회며 국가며 역사며
투명망토를 뒤집어쓴 채 헤집는 '정신'

그의 정체를 올빼미는

보고 있었다

조심해야 한다

때로는 정신, 때로는 이성, 또는 절대자

그 이름의 변신술에 헷갈리진 마라

주관적 정신, 객관적 정신, 절대적 정신

걸친 옷이 달라져도 잘 봐야 한다

사회도 국가도

예술도 학문도

종교도 철학도

시대도 역사도

뛰어난 영웅들이 만든 줄로 다들 알지만

천만의 말씀

그네들이야

이성의 계략에 놀아난 꼭두각시일 뿐
진짜 주인공은 따로 계시니 그가 곧 '정신'!

숭고한 이념을 이루고자 수고하는데
전후좌우 동서남북 가릴 수 있나
언젠가
현실 속에서 숭고한 자유를 이룰 때까지
꾸준히 정반합의 사다리를 올라가면서
오늘도 종횡무진 바쁘신 '정신'

그러니까
현실적인 것은 곧 이성적인 것
이성적인 것은 곧 현실적인 것

그대
보이는가 이제는 보이는가

알겠는가 이제는 알겠는가

철학하는 의식이 경험한 이 모든 것!

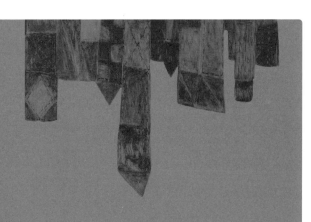

2부 현대편

드넓은 대해로

5장 독일편

라인강 언저리의 풍경

思惟·生

세상은 고통으로 가득 차 있다

쇼펜하우어 철학

어이 하리

이 괴로운 세상

여기를 봐도

저기를 봐도

어제도 오늘도 또 내일도

끝없이 뒤따라 붙는 삶의 그림자

그 이름 고통!

세상이 애당초 무엇이던가

끝없는 의지와 표상이 아니던가

그 누구도

시키지도 가르치지도 않았건마는

그 누구도

의지 없이 삶을 살아가는 자 본 적이 없다

살면서 무언가를 바라는 이상

적어도 살아가길 바라는 이상

의지에서 자유로운 자 있을 수 없다

고뇌에서 자유로운 자 있을 수 없다

소원과 노력

충족과 좌절

그것이 행복과 불행의 희비쌍곡선

어이 하리

세상 곳곳에 불행이 가득하나니

행복은 작고 불행은 크고

행복은 짧고 불행은 길고

가는 곳마다 적들은 매복해 있어

휴전 없는 전투

결국은 손에 무기를 든 채 죽어가는 것

그것이 바로

우리네 인생

어이 하리

그렇다고 죽기도 쉽지 않으니

살아야지

무조건 어떻게든 살아가야지

예술에 몰입해서 잊기도 하고

남들은 더하다고 위안도 받고

그렇게 어떻게든 살아가야지

할 수 있다면

의지를 부정하고 단념해보라

그리 한다면

고통인 세계로부터 해탈하리니

활활 타오르던 불꽃 사그라지듯

차분히 시나브로

평안이 그 끝에 찾아오리니!

인간소외

포이어바흐 철학

이상도 하시군

헤겔도

기독교도

당신들도 다 인간이면서

왜들 그러실까

인간이 인간에게 곧 신이건만

정작 인간은 어디로 가고

인간이 만든 정신이

인간이 만든 신이

인간의 머리 꼭대기에서

인간을 지배하나니

피와 살을 지닌 자연의 인간

자기가 주인공이면서

자기는 한쪽 구석에 주눅들어 있고

주무대는 오히려

정신의 차지

신의 차지

그것이 전권을 휘두르고 있으니

주객전도도 유분수지

이것이 바로 인간소외

인간의 정신, 인간의 혼, 인간의 심장

그 투영이, 그 객체화된 모습이,

그게 곧 신이고 정신이거늘

그게 곧 인간의 본질이거늘

가련한 그대 인간들

소외된 그대 인간들

그러니 다시 인간으로!

인간과 인간의 통일로!

그래서 필요한 것은

사랑의 진리

감각의 진리

그런 새로운 철학

그런 미래의 철학

실존

키에게고 철학

인간이란?

정신이다

정신이란?

자기다

자기란?

관계다

관계란?

관계가 관계 자신에게 관계함을 말한다

요컨대

자기가 자기에게 문제라는 것

실존이

주체가

진리라는 것

체계를 섬기는 그들은 알지 못한다

아니

관심이 없다

관념으로 화려한 학의 궁전을 지어놓고도

들어가 살아야 할 자기에게는 정작

관심이 없다

그들은 객관성을 말하고 있다

그러나

객관은 숨쉬지 않는다

객관은 체온이 없다

피가 돌지 않는다

죽지도 않는다

돌이다

흙이다

물이다

어쩌자는 것인가

어찌 살자는 것인가

어찌 죽자는 것인가

기도하리라

다가가리라

오로지 신의 거룩한 뜻

바라보리라

이삭을 번제로 바치러 가는 아브라함처럼

감각의 거리를 지나

윤리의 마을도 지나

종교의 언덕을 향해

진정한 신성의 별빛을 따라

나아가리라

그분에게로

싸우다 지쳐 거리에 쓰러진들 그 어떠리

세속의 조롱에 굴하지 않고

교회의 권위도 아랑곳없이

신 앞에 홀로 선 단독자로서

그분을 믿고

그분의 길로

진실된 발걸음으로 나는 나아가리라!

만국의 노동자여 단결하라!

마르크스 철학

떨어라!

두려워하라!

너희

가진 자들, 유산계급이여

알아라!

깨달아라!

너희

못 가진 자들, 무산계급이여

물질이 의식을

토대가 상부구조를

결정한다는 것을

지배하는 자

지배받는 자

그 계급의 갈등, 계급의 대립, 계급의 투쟁

어찌 피할 것인가
그것이 역사의 진실인 것을

부르주아여 '있는 자'여
나는 너희의 정체를 알고 있다
나는 너희의 갈퀴를 알고 있다
숭고한 노동의 이윤을 갈취하는
너희의 그 추한 탐욕을

프롤레타리아여 '없는 자'여
너희는 알아야 하리
저들이 그 탐욕을 스스로 포기하는 일은
절대로 절대로 없다는 것을
너희에게는 족쇄밖에
더 이상 잃을 것이 없다는 것을
대신에

얻어야 할 새로운 세계가 있다는 것을

그러니
뒤집어엎어라!
때려 눕혀라!
너희의 분노를 터트려라, 화포처럼!
그리하여 정치권력을 정복하라!

그리 하거든
폭력적으로 낡은 생산관계를 청산하라
계급대립이 생겨나지 않도록 하고
계급 일반을 폐지하라
그리 되면
너희들의 지배까지도 폐지하라

하나의 새로운 연합체가 생겨나리라

낡은 시민사회가 있던 그 자리에
계급과 계급의 대립이 더 이상 없는
숭고한 노동의 소외가 더 이상 없는
각자의 자유로운 발전이 곧
모두의 자유로운 발전의 조건이 되는
아름다운
이상적인
공산사회가 마침내 도래하리라!

그리하여 20세기가 피로 물들었다…

삶의 이해

딜타이 철학

이천육백 년 기나긴 세월

참 별의별 철학이 다 있었죠

그 다양한 관심들 혹은 주제들

별처럼 많죠

그 정체, 대체 뭘까요

궁금해요

하여 이해란 깃발 치켜들었죠

"이해하고자 하는 것

삶을 삶 그 자체로부터"

한데 그게 어디 쉬운가요

하여

때로는 해석이 필요한 거죠

어떻게?

결국은 삶인 거죠, 그걸 봐요

삶은 결국 체험들인 거고

체험들은 표현으로 남고

그것을 이해하는 것

체험-표현-이해

그게 바로 해석학의 핵심인 거죠

그게 바로 철학의 정수인 거죠

내 철학적 사유를 움직이는 지배적 충동

바로 그거였어요

그게 나의 '역사이성비판'

혹은 '정신과학'이었죠

역사라는 것

그 삶의 과정을 한번 들여다봐요

거기 삶의 실질과 가치가 보일 거예요

단순한 인식주관이 아닌

다양한 힘들을 지닌 인간

의욕하고-느끼고-생각하는 인간

전적인 인간

그런 인간의 심적 삶의 전체성

그 역사적-사회적 현실을 이해해봐요

자연에 대한 설명과는 다른

현실에 대한 이해를 말이죠

그러면 비로소 보일 거에요

인간이, 인간의 삶이

그런 게 바로 철학

내가 말하는 정신과학인 거죠

차라투스트라는 이렇게 말했다

나는 어찌하여 이토록 현명한가!

나는 어찌하여 이토록 영리한가!

나는 다르다!

이 사람을 보라!

나는 망치를 들고 철학을 한다!

나는 두들겨 부수리라!

나는 뒤집어 엎으리라!

지금까지의 모든 가치를!

모든 역겨운

노예의 가치들을!

그리하여 이제

주인의 도덕을 세우리라!

초인의 철학을 외치리라!

끊임없이 인간을 넘어나가라!

인간 그 이상의 인간이 되라!

아직도 듣지 못하였는가!

신은 죽었다는 저 소문을!

들어라!

나는 인간을 사랑하노니

대지에 충실하라!

직시하라!

똑같은 것의 영원한 되돌아옴을!

사랑하라!

너의 삶을!

너의 운명을!

그리하여 죽음을 향해서 소리치라!

이것이 삶이었던가!

그렇다면 다시 한 번!

떠올라라!

그대 위대한 대낮이여!

그렇게
나는 외쳤다

나는 엘리자베트를 사랑했다
나는 코지마를 사랑했다
나는 루를 사랑했다
그러나 나는
고독했다
신을 죽인 나
이제 나도 죽었다

니체 대 바그너
니체 대 예수
게임은 끝났다

그래도 지구는 돌고

그래도 태양은 뜨고

대지엔 강물이 흐르고

하늘엔 구름이 떠간다

사람들은 영문도 모르고 태어나 살고 그리고 죽는다

또다시 영원히

이와 같다!

논리주의

프레게 철학

사람들 뜻밖에 참 바보라면

듣는 사람들 기분 나쁘겠죠?

하지만 봐요

실제로 나쁜 그 기분과 기분나쁨이라는 그 개념

엄연히 다른데도 헷갈리는 사람들

많더군요 꽤나

그러니 구별해야죠

심리적인 것과 논리적인 것

의미라는 것도 조심조심 신중히 생각해봐요

'사과'의 의미와

'사과는 맛있다'의 의미와

같을 수 없죠?

그러니까

낱말이 아니라 명제의 맥락 안에서 물어봐야죠

의미가 무엇인지

그리고 또

사과라는 개념과

그 개념의 대상

같을 수가 있나요

대상인 사과는

맛있게 먹지만

개념인 사과는

창고 가득 있어도 먹을 수가 없죠

그림의 떡이죠

그러니까 구별하세요

다르다니까요

그리고 또

의미와 지시체도 헷갈리지 마세요

숭례문과 국보1호

지시체는 같아도 의미는 다르죠

달과 지구의 위성

지시체는 같아도 의미는 다르죠

구별하세요

헷갈리지 마세요

논리의 엄정함으로 재단하세요

인간의 심층심리

프로이트 철학

내가 난줄 알고 있는 그 나라는 것

그 자아라는 것, 에고라는 것

그거 진짜 나일까?

아니, 얼마만큼 나일까?

100? 10? 혹은 10분의 1?

결국 빙산의 일각?

그래

저 의식의 수면하

심해 같은 곳

거기 흑암처럼 자리한 것

무의식이라는 것

나도 모르는 나

그게 나였어

거기서 꿈틀거리는 '그것'이라는 것

이드라는 것

특히 리비도라는 것

그게 나였어

바깥의 아니 내면의

안팎의 온갖 억압들로 주눅든 나

어디 오이디푸스뿐이던가

온갖 콤플렉스들로 때로는

실수도 히스테리도 일으키더군

때로는 야릇한 꿈으로도 드러나더군

말이야 쉽지

그걸 안다는 게 쉬운 일은 아니지

하지만

진실은 대개 그렇게

심부의 서식자

그래서 누군가가 들추어내서

밝혀줘야 하는 것

사랑의 충동 에로스

죽음의 충동 타나토스도

깊디깊은 그곳에서 움직이는 것

알게 모르게

안개처럼

그런 은밀한 움직임들이

바로 나

자아의 정체

순수의식

후설 철학

안 보이세요?

학문들 앞의 저 빨간불

이 위기, 위기인 줄 안다면

철학도 근본적으로 재반죽해서

엄밀한 학문으로 다시 빚어냅시다

어떻게?

이렇게!

공자왈 맹자왈 훌륭한 말씀

뭐라고 하시든지 밀쳐둡시다

실재인지 명목인지 개념인지

그런 것 괄호 속에 다 집어넣고

사물 그 자체를 향해!

곧장 갑시다

이것저것 쓸데없는 것 다 잘라내고

실재의 스위치도 꺼버리고 나면

잔여로서 남게 되는 것
우리의 의식!

그 의식이라는 것
그건 나니까
직관되는 나니까 확실한 것
의식인 이상
내용 없는 의식이라는 건 있을 수 없죠
반드시 뭔가에 대한 의식이라는 것
그게 바로 의식의 지향성이라는 것
그 의식 속에
꽃도 향기도 벌도 나비도
너도 나도 그도 우리도 다 들어 있죠
그것들 다 모으면 그게 바로 세계!
그렇죠?
그러니

의식만 들여다보면 세계를 다 볼 수 있죠

희미한 것들은 희미한 대로

분명한 것들은 분명한 대로

있는 대로 보고

보는 대로 말하고

그게 바로 현상학적 직관이라는 것

그게 바로 현상학적 기술이라는 것

의식이 의식을 바라보는 것

자기가 자기를 살펴보는 것

본원적으로 부여하는 직관이란 것

그것이 모든 인식의 권리의 원천

이것이 모든 원리의 원리라는 것

이것이 다름 아닌 초월론적 현상학!

인간이란 무엇인가

셸러 철학

아닐까요?
인간이 절대신의 피조물이라는 것
죄인이면서 구원의 대상이라는 것

아니요
세상 방방곡곡의 십자가들 보니
수 억 인간들 기도하는 것 보니
아니요. 아닌 게 아니네요

아닐까요?
인간이 이성적 존재라는 것
생각하는 존재라는 것

아니요
똑똑하다는 침팬지랑 대화해보니
과학 기술 산업, 교역 교통 통신

제도와 질서, 학문과 문화

이끌며 자연과 맞서고 있는 것 보니

아니요. 아닌 게 아니네요

아닐까요?

인간이 공작인이라는 것

손 쓰고 도구 써 만드는 존재라는 것

아니요

지표를 가득 덮은 인간의 물건들, 도시들 보니

바다의 배, 하늘의 비행기 보니

아니요. 아닐 수가 없군요

아닐까요?

인간이 충동적 존재라는 것

본능과 감정의 소유자라는 것

아니요

술 마시고 노래하고 춤추는 밤들

사랑과 미움, 슬픔과 기쁨

가득 담은 저 시들 음악들 그림들 보니

아니요. 아닐 수가 없군요

아닐까요?

인간이 초월하는 존재라는 것

끊임없이 자신을 넘어가는 자라는 것

아니요

힘과 삶을 향한 불굴의 의지

어제와 다른 오늘, 오늘과 다른 내일

만 년 전과 지금 비교해보니

아니요. 아닐 리가 없어요

그걸로 끝인가요?

아니죠

인간은 우주에서 유일한 윤리적 존재

인간은 인격, 인간은 정신

보세요. 빛나잖아요

달처럼 해처럼

돋보이잖아요

인간은 이토록 우주에서 특별한 존재!

상징과 문화

인간이란 무엇인가?

이성적 동물?

그거야 누가 몰라

이천사백 년 전

아리스토텔레스가 알려준 케케묵은 말씀

그걸로 제대로

인간이 누구인지 설명되나요?

그 이후로 저 시간 위에 뻗은

역사의 발걸음들 살펴보세요

저 엄청난 '신화와 종교' '언어' '예술' 역사' 과학'

저 대단한 문화의 세계들

그것을 이룩한 위대한 존재

그게 인간인 거죠

그게 다 어디서 왔게요?

알려드리죠
그게 바로 '상징'

온갖 동물들이 다 갖는 수용계통과 작용계통
그 사이에 오직 인간만이 갖는 것
자극에 대한 반동을 지연시키는 것
특별한 반응으로 연출하는 것
몸 불편한 헬렌도 갖고 있던 것
그게 바로 '상징'

그래서 인간은 '상징적 동물'

그래서 장미는 그냥 꽃이 아니라
뜨거운 정열
그래서 구름은 허무도 되고
그래서 풀은 생명도 되고

그래서 별은 희망도 되고

그래서 내 마음은 호수도 되고

촛불도 되고…

실존해명

야스퍼스 철학

시작에서 마지막에 이르기까지

우리네 삶의 모든 관심들

먹고 입고 자고 사는 것

놀이와 노동

사랑과 증오

샘처럼 솟아나 강처럼 흐르는 그 관심들

그 모든 것의 중심에 박힌 축과 같은 것

그것이 바로 인간의 실존

숨쉬는 실존으로서 우리 사는 세계

비추어보자

이랬다가 저랬다가

좋았다가 나빴다가

아후, 저 많고 많은 사연들 사정들

다 어디서 오나

뜻대로만 살 수 없는 것이 우리의 실존

피할 수 없이 우리를 감싸는 저 상황들

싸워야 하고

책임도 지고

고뇌도 하고

죽기도 하는

한계상황에서 우리 실존은

폭풍우 치는 삶의 밤바다에서 난파하나니

아, 벽이여

한계상황의 높은 벽이여!

그러나

좌절과 절망은 답이 아니니

우리를 이끄는 것은 자유의 별

우리는 우리의 삶을 정하고 만들어가니

우리가 우리 삶의 주체일세

어두움과 무거움이 다는 아니리
축복은 실존에게 인색치 않아
실존과 실존의 교제를 허락하나니
나는 그대에게 그대는 나에게
서로 그대로서 맞아주는 인격이라지

초월자는 은밀한 암호로 진리를 알리니
귀 막지 말고 잘 듣고서
해독해보자
그것이
이성이 가야 할 철학의 길!
그것이
실존이 가야 할 인생의 길!

존재

하이데거 철학

까마득한 처음
철학이 비로소 열리던 옛 하늘에서
존재는
빛나는 하나의 별이었다
있다는 것은
이라는 것은
사유의 대지를 뒤흔드는 지진이었다

그러나
이성이 슬그머니 사유를 밀어낸 뒤
존재는 개념의 허울을 뒤집어쓴 채
조금씩 빛을 잃고 잊혀져 갔다
아, 그것은 비극이었다
존재의 향기 그윽하던 사유의 옛 궁전엔
어느덧 거미줄 쳐지고
존재는 먼지를 뒤집어쓰고

청춘의 미모를 빼앗긴 뒷방의 노파처럼
그저 지난 세월의 영광만을
쓸쓸히 회고할 뿐이었다

그러나
그녀가 실은 여신이었음을
진리의 여신이었음을
그저 기나긴 세월
한동안 마법으로 잠들어 있었을 뿐이었음을
백마 탄 젊은 현상학은 알아보았다

그는 인간에게 물어보았다
존재의 향기를 기억하고 있는
인간 현존재에게 물어보았다
수다와 호기심과 모호성의 늪에서 허우적대는
한심한 저 세인의 일상을 뒤로 하고서

과감하게 불안의 덤불을 헤치고 나가

시간의 안내를 따라가면서

죽음의 코앞에까지 앞질러 가본

사유의 선구자에게 물어보았다

그는 알려주었다

존재는 경이로운 미모의 여신이었음을

존재는 빛이었음을

다소곳이 베일을 쓰고 있지만

감출 수 없는 아름다움을 발하고 있는

달님 같은

해님 같은

언제나 찬연한 밝음이었음을

신비의 절대적 트임이었음을

아, 놀랍구나

이 모든 것이 이와 같이 있다는 이것!
사유를 재촉하는 이 존재여!

도대체 왜 무가 아니고
존재가 이와 같이 존재하는 걸까?

비판과 이성

호르크하이머 철학

우리, 혹독히 비판 좀 해야겠어요
세상, 이대로 좋을 리 없으니까요

그렇잖아요?
파시즘과 독재, 그뿐 아니죠
우리 사는 사회의 저 야만적 불의들
한도 끝도 없죠
착취와 억압들
신음소리 들리죠?
그런데도 그냥 사시겠어요?
'이건 아니다'는 데 동의한다면
비판의 이론으로 무장하시고
실천의 대열에 합류하세요
체념적인 적응은 비진리죠
노예화의 사슬을 끊어내고서
갑시다

인간의 해방, 그 숭고한 목표로

하지만
조심해야 해요
우리의 향도는 분명 이성이지만
그 이성의 계몽, 어떠했나요
이천 년도 넘은 그 계몽의 역사
보세요, 실패잖아요
우리 사는 이 현대의 비인간화
바야흐로 총체적 위기잖아요
숭고했던 합리적 이성
슬그머니 도구적 이성으로 변질되었고
오직 기능을 위해 동원되고 있죠
이건 새로운 형태의 야만상태죠
인간에 의한 인간의 지배
자기지배죠

자 그러니 이제

되찾읍시다

진실로 인간적인 이성적 사회

우리의 의지로

비판의 힘으로

해석학적 이해

가다머 철학

진리로 향하는 철학의 역정
친절한 이정표 마다할 텐가
하니
잘 읽어보자
전통과 전승
잘 살펴보자
과학과 방법의 밖에 있는 것

그들인들 문제를 몰랐겠는가
그들인들 묻지를 않았겠는가
예술도 역사도 언어도 모두
그들이 찾아낸 답이 아니었던가
시간의 간격을 넘어오는 그들의 향기
은은하다
거기서 진리의 경험이 가능할지니
그들과 길동무하여 담론하면서

'해석학적 경험'의 길 걸어가보자

우리가 미리 가진 선입견들

편견이라 함부로 푸대접 말자

그것 없이는 동서남북도 알 수 없나니

길인지 뭍인지도 알 수 없나니

거기에 나의 지평이 있음을 알고 떠나자

그 어느 누가

영향의 역사를 부정할 텐가

예컨대

이순신의 결정이 진리였음을

그 어느 한국인이 부인할 수 있는가

해석자로서

역사적 제약에서 자유로운 자 어디 있는가

그들에게는 그들의 지평

우리에게는 우리의 지평
내가 본 이것이 그가 본 그것
그러기에 이해란
지평의 만남
그러기에 이해란
지평의 융합

나와 그의 대화가 오고가다가
나의 그의 생각이 악수를 할 때
그때 나의 지평에 번지는 한줄기 빛
그것이 바로 해석학적 이해
원래의 의미와 다른들 어떠리
이해에서 더 큰 의미가 생겨날지니
예술도 역사도 언어도 모두
그러자고 살펴보는 것 아니겠는가!

기술과 책임

기술? 그거 좋지요

덕분에 우리네 삶, 이토록 발전했죠

인간의 문명

인간의 행복

그것을 위한 황금의 열쇠

그게 기술이었죠

그런데 과유불급

이젠 너무 나갔죠

기술의 약속이 이젠

위협으로 위기로 반전되었죠

그것은 이제

자연에 대한 가장 큰 도전

우주의 질서에 대한 폭력적 침입

수많은 자연 영역을 정복하는 인간의 침략행위죠

자연에 대한 강간행위죠

무시무시해요

보세요

들과 산, 하천과 바다, 거대한 쓰레기장이 되어가고 있죠

이제는 우주공간도 그렇다더군요

그 모든 게 이젠 거의 공포의 수준

하니

공포의 발견술로 살펴보세요

다 우리 때문이에요

그러니 이제 우리가 책임져야 해요

시간이 촉박해요

이대로 가면

자연이, 지구가 위험해요

미래가, 후손이 위험해요

아니

존재 자체가 위험해요

큰일이에요

그러니 이제

선과 당위를 생각하고 행동해야 해요

지상에서의 진정한 인간적 삶의 지속과 조화될 수 있도록

인간 생명의 미래의 가능성에 대해 파괴적이지 않도록

지상에서 인류의 무한한 존속을 가능하게 하는

그 조건들을 위협하지 않도록

미래의 인간의 불가침성을 훼손하지 않도록

책임의 원리

이건 명령이에요

정언적인, 무조건적인 이성의 명령이에요

합의

하버마스 철학

진리란 무엇인가?

왜 묻는데?

호기심으로?

남들도 한 번씩 물어보니까?

아니지!

진리가 무엇인지

무엇이 진리인지

네 말과 내 말

참인지 거짓인지로 핏발이 서는

그런 실천적 맥락에서 물어져야만

진리는 비로소 진리인 게지!

문제에 대한 진지한 관심

그게 비로소 인식을 결정해주지!

건강에 대한 관심이

과식의 위험성을 알게 해주고

정치에 대한 관심이
선거의 소중함을 알게 해주고
인간에 대한 관심이
철학의 필요성도 알게 해주지

응? 철학?
그게 도움돼? 인간에게?
그럼!
아냐!
그렇다니까!
아니라니까!
그래?
그럼

내가 옳은지 네가 옳은지
내가 맞는지 네가 맞는지

할 말 다하며 대화해보자

나도 한 마디

너도 한 마디

센 자도 약한 자도 어깨 나란히

이상적 대화상황에서 대화해보자

심판은 이성

기준은 공정

그렇게 토론해보면 드러나겠지

누가 옳고 누가 그른지

그렇게 너와 내가 합의를 하면

그 합의가,

그게 바로 진리!

자, 진리를 추구한다는 사람들 다 오시오

진리란 무엇인지 우리

토론 한번 합시다

부처님도 공자님도 계급장 떼고

오직 삶의 문제들만 앞에다 두고

누구 말이 참인지

맞장 한번 뜹시다

주먹 쥐고 칼 빼들고 그런 것 말고

이성적 합의에 이를 때까지

우리 오직

무엇이 참인지만 생각합시다!

이를테면 그런 이론

실천을 위한

해방을 위한

그런 이성적인 사회를 향한 길

비판의 길!

6장 프랑스편

셴느강 언저리의 풍경

他者·多樣

지성 그리고 실증

뭐니뭐니 해도 인간이 인간다운 건
역시 지성

그런데 이 지성이 거친 여러 단계들
아시는지
우리의 저 선도적 사고들
우리 지식의 모든 가지들
1단계, 2단계, 3단계
단계가 있어 같지 않다는 말씀

짚어볼까요?
첫째, 신학적 혹은 상상적 상태
둘째, 형이상학적 혹은 추상적 상태
셋째, 과학적 혹은 실증적 상태

참 오래도 걸렸죠

상상과 추상을 지나 실증에 이르는

이천 수백 년, 아니 어쩌면 더 여러 천 년

우리 시대에 와서야 겨우

이 세 번째 단계에 도달했죠

자랑스런 이 과학적 실증적 상태

현실적이고 유용하고 확실하고

정밀하고 건설적이고 상대적인 것

그 실증적인 과학들

그것이 비로소 지성을 지성답게

인간을 인간답게 만들어주죠

상상 대신 관찰

추상 대신 경험

그렇게 해서 우리는 진보하는 거죠

그러니까 실증은 곧 포지티브

적극이고 또한 긍정인 거죠

아는 것, 그리고 보는 것

이게 다 준비와 예견을 위한 것이죠

번영하는 인간의 미래를 위한

어쩌면 당신의 21세기를 위한

생명의 비약

베르크손 철학

현미경으로 별들 볼 수는 없지
망원경으로 세포 볼 수는 없지
그러니
과학과 지능과 분석은 두고
철학과 직관과 공감은 갖고
그렇게
순수한 지속
물질과 기억
창조적 진화
도덕과 종교
그런 것들 들여다봐야지

대상이 지니고 있는 유일한 그것
뭐라 표현하기도 쉽지 않은 그것
그것과의 일치에 이르기 위해
그것들 속으로 들어가 공감해보라

실증이 놓쳐버린 실재를 위해
분석이 잘라버린 지속을 위해

문제는 의식
의식은 지속
지속이 시간
우리가 느끼고 체험하는 시간
실재고 현실인 구체적인 시간
쉬지 않고 흐르는 냇물 같은 지속

시간은 우리에게 선사하나니
과거라는 것
추억이라는 것
그것이 기억의 진정한 모습

과학을 잠시나마 잊고서 보면

보여오는 자연의 또다른 모습

물질이 아닌

생명의 흐름

생명은 비약

창조적 진화

분연히 타오르는 불꽃 같은 것

알았으면 이제는 우리

삶으로 가자

자발적이고 직관적이고 진보적인 그것

열린도덕으로 정신을 가다듬고서

의무적이고 본능적이고 폐쇄적인 그것

금지와 규정의 체계

닫힌도덕을 넘어서 가자

인류의 지고한 행복과 평화와 사랑으로 향하는

동적인 종교에 의지하면서

종족과 사회의 보호와 보존과 성공을 비는

이기적이고 기복적인 그것

정적인 종교를 넘어서 가자

열망하면서

사랑의 비약으로

이제 미래로 방향을 돌려나가자!

상상력

바슐라르 철학

철학은 어디서 자라는 한 그루 나무인가

머릿속에?

냉철한 이성의 정원에?

아니

물가에도 산꼭대기에도 나무가 자라듯

철학은

가슴 속에서도 꿈 속에서도

싹을 틔우고 가지를 뻗고 잎을 내고 열매를 맺죠

그 나무엔

공기도 물도 불꽃도 다 양분이 되죠

시와 철학이 다르지 않고

과학과 철학이 다르지 않죠

왼손은 시와 오른손은 과학과 깍지를 끼고

그렇게

시와 철학과 과학이 하나인 세계

거기선 상상력이 곧 태양이 되죠

상상력은 하나의 상태가 아니라

인간의 실존 그 자체

태양 없는 우주가 우주가 아니듯

상상력 없는 인간은 인간이 아니죠

인간은 상상하고 꿈꾸는 존재

세계의 시적 인식은

대상의 합리적 인식에 선행하는 거죠

그렇잖아요?

당신이 아리따운 그녀를 보고 가슴이 뛸 때

당신은 거기서

사랑을 꿈꾸나요 심전도를 찍나요

상상력이 사라진 "살균된 세계"는

우리 인간이 살 데가 아니죠

세계는 진실되기에 앞서 아름답죠

세계는 검증보다 감탄을 기다리고 있죠

이해를 위해서도 경탄하세요

그리고 꿈을 꾸세요

상상의 여행을 떠나보세요

거기 원초적인 가치부여 작용이 움직이지요

그게 바로 인간

바로 당신이에요

신비와 희망

마르셀 철학

당신의 눈길은 무얼 보고 있죠?
나는 나를 봐요
나의 경험을
나의 실존을
그 비밀로 가득 찬 것, 신비를요
그건 '문제'와는 달라요

문제라는 건
방관자적 태도로 바라볼 수 있는
대상적인 사고로 파악할 수 있는
객관적인 것, '앞에 있는 것'

신비라는 건
나 자신이 그 안에서 구속되고 있는
그저 승인 후 받아들일 수밖에 없는
안과 앞의 구별이 무의미한 것

실재도 그렇고 자아도 그렇고
다 신비죠

그러나 '나'만의 껍질에 갇히지는 마세요
'너'를 보세요
'우리'를 보세요
그도 아니고 그것도 아닌 너와 우리를
하여 그들과 사랑하세요
성실로 나를 가다듬고서
교류하고 교제하고 공존하세요

하면
그 끝에서 아마 보일 거예요
모든 인간을 결합시키는 근본적인 결속력
절대적인 당신
절대자인 신이

그렇게 만나보세요, 그 신과
그리고 증언하세요, 그 신을

부서진 세계
오로지 소유
소외된 인간
거기서
그렇게
불안, 절망, 죽음에 떨지 말고
신앙을 통해 찾아보세요
밝은 희망을
참된 존재를

주체와 욕망

라캉 철학

나란 누구인가

인간이란 무엇인가

궁금하지 않아요?

"코기토 에르고 숨"

생각하는 존재라고 저 데카르트 선배는 알려줬죠

하지만 그게 과연 나의, 인간의 정체일까요?

그건 신기루예요

거기서 우리 현대인들 자기애의 덫에 걸려

주체의 확실성을 의심치 않죠

정작 자신의 확실성이 없을 때도 말이죠

잘 보세요

대부분의 현대인들

자기가 어떤 지도 모르는 환자잖아요

평생토록 환자들 상담해보니

인간의 정체가 보이더군요

말해드려요?

욕망이에요

무의식이죠

'다시 프로이트로!'

괜한 '유식한 척'이 아니랍니다.

한쪽 귀론 프로이트를

한쪽 귀론 소쉬르를 들어보았죠

들리더군요

언어에서 드러나는 무의식의 세계, 욕망의 세계가.

나라는 것, 자아라는 것, 주체라는 것

고정된 게 아니라

완성된 게 아니라

형성되는 것, 발전하는 것, 완성을 향해 나아가는 것

상상계 특히 거울 단계, 상징계, 실재계를 거쳐서

한 사람의 인간으로 만들어져 가죠

그 과정을 지배하는 건 결국

욕망이더군요

보세요, 저 욕망들

인간의 깊은 내면을 가득 채우고 있는

세상의 넓은 외연을 가득 채우고 있는

그게 억압될 때

인간과 세상은 병을 앓죠

욕망과 무의식은 말을 통해서 그 정체를 드러내죠

기표가 기의를 드러내죠

기표들의 연결은 때로 기묘한 은유와 환유를 동원하죠

문자가 주체를

기표가 기의를 드러내죠

어때요?

언어가 진리를 드러낸다는 것

진리가 언어에 의존한다는 것

언어가 기의의 전 영역을 대신해주고

언어의 등장과 함께 진리의 차원이 열린다는 것

흥미롭죠?

실존주의는 휴머니즘이다

사르트르 철학

나는 돌멩이가 아닙니다

그건 즉자존재

나는 나를 볼 줄 압니다

이건 대자존재

내가 누구인지를 나는 생각합니다

나는 이미 살고 그리고 행동합니다

나는 나 아닌 너도 봅니다

그 눈빛들이 나의 발걸음을 이끕니다

그렇게

나는 존재하고 실존합니다

나는 아직 본질이 아닙니다

본질은 별처럼 멀리 있습니다

실존은 본질에 선행합니다

나는

내가 원하는 것

내가 생각하는 것

내가 만들어가는 것

그래서 나는 주체입니다

나는 내 행동의 입법자

나는 자유입니다

나는 선택합니다

때로는 장미를

때로는 백합을

장미는 가끔 가시로 날 찔러 상처도 냅니다

허나 그것도 나의 책임입니다

장미를 건드린 건 나이니까요

나는 자유를 선고받은 피고입니다

모든 선택이 다 나의 몫

텅 빈 저 허공처럼

기댈 곳은 어디에도 없습니다

신의 목소리는 들리지 않습니다

하여 나는 불안과 고독과 절망을 친구로 맞이합니다

아침에 햇살이 내게로 오듯

낯선 상황들이 내게로 와서

나는 거기에 참여합니다

거기에 세계가 있습니다

나는 인간입니다

실존하는 나는

인간을 목적으로 삼고

인간을 최고의 가치로 칩니다

실존주의는 휴머니즘입니다

타인의 얼굴

레비나스 철학

전체라는 것에 속지 마세요

전체라는 이름의 그럴듯한 집

거기선 오로지 '나'라는 주체만이 행세를 하죠

오로지 나만이 전권을 거머쥐고

세계 전체도

타자의 존재도

그 나의 취향대로 색칠을 하죠

의미부여라나요

거기엔 진정한 타자도 없고

무한도 없죠

타자인 나는 그저 전체의 한 항목일 뿐

진정한 주체는

전체라는 동일자의 지평을 벗어나 있죠

그 모습이 바로 '얼굴'이에요

사람의 얼굴

그건 '그저 있음'의 저편에 있죠

그 무의미, 피곤, 게으름, 애씀,

그리고 있음 앞에서의 두려움,

무기력한 뒷걸음질, 도망질 같은 것들

그 저편에 구체적인 존재자, 실존자가 있죠

거기서 꽃피는 '사회적 관계' '사심 없는 관계'

'남에 대한 책임성' '남에 대해 있음'

그런 관계에서 비로소 보여 오는 게

'얼굴'인 거죠

그 얼굴은 하나의 명령

죽이지 말라는 명령이에요

그냥 하나의 사물이 아니란 거죠

그 자체로 하나의 의미인 거죠

그 정직함, 그 숨김없음, 그 발가벗은 헐벗음,

그 가난, 그 위협 앞에 노출되어 있음

그 민얼굴

그 '사람'의 얼굴

그걸 어떻게 죽이겠어요

사람이라면요

그 얼굴로 나아가는 것

그게 바로 윤리

그게 바로 도덕

그게 바로 구원

살아지는 세계

메를로-퐁티 철학

인간은 누구인가

세계는 무엇인가

오랜 전부터

사람들은 묻고 대답해왔지

누구는 인간 편

누구는 세계 편

그러나 이제 그러진 말자

한쪽만 보고 말하진 말자

인간 없는 세계가 어디 있고

세계 없는 인간이 어디 있는가

애당초 인간은 '세계-내-존재'

지각으로

행동으로

세계에 관계하며 비로소 인간

애당초 세계는 '살아지는 세계'

사물들과 더불어

사람들과 더불어

얽히어 부대껴야 비로소 세계

그래서 인간은

상호주관성!

그래서 세계는

살아지는 세계!

영혼과 신체

자유와 제약

경험과 선험

실재와 관념

그 모든 대립들 넘어나가서

있는 그대로의 현존을 드러내는 것

오직 현전하는 기반 위에서

의식과 인식

지각과 행동

그런 인간의 영위들을 밝혀주는 것

그것이 프랑스식 현상학적 환원!

야생의 사고

레비-스트로스 철학

바다 건너 저 먼 곰 나라에
곰들이 옹기종기 살고 있었네
곰들은 곰순이를 사랑했는데
범나라 범식이에게 시집 보내고
곰들은 범들과 잔치를 했네

해가 지나고
이웃나라 범숙이가 시집을 와서
범들도 곰들과 잔치를 했네
범들도 범숙이가 아까웠지만
곰순이가 왔으니 됐다고 했네

얼씨구 절씨구
지화자 좋구나
곰들도 좋고
범들도 좋구나

바다 건너 저 먼 한국 사람들

곰들 보고 야만이라 흉보지 마소

구름 너머 아득한 미국 사람들

범들 보고 미개하다 깔보지 마소

범들도 곰들도 알 건 다 아네

곰순이도 범숙이도 주기 싫지만

하나 가고 하나 왔으니 됐지 않은가

당신들이 말하는 기브 앤 테이크

우리도 할 거는 다 한다구요

샘처럼 깊디깊은 심층의 구조

보편적 구조

우리도 있을 건 다 있다구요

그러니

문명이니 야만이니 담 쌓지 말고

문화의 이름으로 뽐내지 말고

싱싱하게 생동하는 야생의 사고
그렇게 간단히 덮지 마시라!

슬픈 열대도 똑같은 세계
비가 내리고
바람이 불고
사람이 산다

포스트모던

리오타르 철학

되짚어보라 그대

저 근대를!

서광처럼

역사의 하늘에 휘황했던 대단한 시대를!

인간의 해방

자아의 실현

인류의 진보

저 거대한 담론들을!

그러나 이제

하늘 한 켠에 어둠이 깔리듯

근대 기울고

히로시마와 아우슈비츠

그 어두운 그늘…

그뿐이던가

대량생산

미디어

광고

도시화

그 매연에 폐를 앓는 딱한 개인들

하여 이제

말하는 이도 듣는 이도 사라져간다

오래 우뚝했던 저 '거대한 이야기'

보이는 것은 온통

욕망들뿐

주체의 목소리는 아득히 멀어

귀를 잃었다

근대는 이제

고개를 넘어간다

새로운 풍경

포스트모던이 눈앞에

펼쳐져 있다!

작은 이야기들이 속닥거린다

작은 입이 말하고

작은 귀가 듣는다

SNS를 질주하는 그 언어들

곧게 뻗은 대로가 아닌 건 틀림없다

리좀, 다양체

들뢰즈 철학

똑같은 건 없어

다 달라

쌍둥이 자매도

삼둥이 형제도

구별되잖아

그 차이를 좀 봐

너도 그렇잖아

오늘의 너

어제의 너

일 년 전의 너

십 년 전의 너

같니?

사진만 비교해봐도 곧바로 알지 않니

다 달라

똑같은 건 없어

저 가득한 수만의 벚꽃 잎들

똑같은 것 하나라도 있으면 백억 줄게

가져와봐

그런 건 없어, 다 달라

그래서 아름다운 거야

땅속을 파고 달리는 저 뿌리줄기들

중심도 없고

우열도 없어

그 리좀들, 그 다양체들

그 각각의 의미를 새겨봐

감자A와 감자B에 우열이 있어?

주와 부가 있어?

차이를 차별로 보는 건

우리 인간의 오래된 악습

우리가 디뎌야 할 땅은 하나가 아냐

천 개의 고원들

무수히 많아

하나하나가 다 의미고 가치야

우리는 그 하나에서 셋 넷 다섯으로 바로 갈 수 있어

다양

그것을 우리는 만들어야 해

하나의 '이다'가 아닌

무수한 '그리고, 그리고, 그리고 …'

그 끝없는 유목

그거야

그게 답이다

권력의 그물망

푸코 철학

꿇어!

해내!

어명이다!

예전에는 그런 공포가 권력이었다

죽음의 권력…

지금

왕들은 권좌를 내려왔어도

그래도

어디에서든 명령은 들려온다

얼굴 없는 새로운 권력

삶의 권력…

보라

매일 아침

규칙적으로 신문을 펴는 세상 사람들

시키지 않아도

꼬박꼬박 TV 앞으로 모이는 사람들

무려 12년

질서정연하게 책상을 떠나지 않고

시키는 대로 문제를 푸는 모범학생들

넥타이 매고

지하철 타고

하루 온종일 그리하여 한 평생

출근하고 퇴근하는 회사원들

살겠다고 사람들

보이지 않는 명령에 잘도 따른다

보라

물 샐 틈 없이 세상에 펼쳐진 저것

권력의

그물망!

주체랍시고

떵떵거리던 근대의 잘난 개인들

아니었다

실은 모두들

보이지 않는 권력의 신하였다!

시뮐라시옹, 시뮐라크르

보드리야르 철학

이데아라는 것
기억하나요?
만유의 원본들
앨범 속의 흑백사진들처럼
이젠 빛바랜 채
고요히 덮여 잊혀가고 있군요
아련해요
희미한 옛사랑의 그림자처럼

이제 우리네 삶의 공간에 가득한 것은
오로지 저 모사품들, 복제품들
멋있게 이름하여 시뮐라크르
가상실재, 대리실제, 혹은 파생실재
그 기호들이
위대한 오리지널의 황위를 찬탈해
오히려 더 위대한 얼굴을 하고 있군요

그것들이 이젠 극실재로 행세해요

모두들 그 권위 앞에 무릎을 꿇고

머리를 조아리고 있군요

실재는 이제

이미지와 기호의 안개 속으로 사라졌어요

대장금, 준상이, 백설공주, 피노키오, 햄릿, 벤허, 지바고

그들이 내가 아는 김철수나 이영희보다 더욱 실재죠

사람들은 바야흐로 그것들을 소비해요

막강하죠

보세요

저 상표들

루이뷔통, 샤넬, 삼성, 애플

누가 그것을 실재가 아니라 할 수 있어요?

현실이란 없어요, 현대사회에서는

진실이나 원본도 없고

그 모사물이나 모사물의 모사물만이 존재해요

조심하세요

조만간 당신의 원본도 종적을 감추고

클론이 당신의 삶을 대신 살게 될지도 모르니까요

알파고가 이세돌보다

더 세잖아요

인터넷 세계가 진짜 세계보다

더 세계잖아요

잘 모르겠으면

디즈니랜드에 가서

하루 놀다 오세요

진짜 쥐보다 더 진짜인 미키마우스랑

진짜 오리보다 더 진짜인 도날드덕이랑

신나게 즐겁게 재미있게!

그들의 실재를 온몸으로 느끼며!

해체

데리다 철학

혹시 아실까?

철학의 숲속에 숨은 이항대립들

철학의 역사에 군림해온 잘난 이론들

존재론-신론-목적론-시원론

그것들이 내세운 궁극의 것들

이데아-신-사유-정신

거기

은연중에 전제가 된 이항대립들

본질과 현상

이데아와 개체

자아와 대상

그런 것들

그런데 아실까?

한쪽이 딴 쪽과 똑같지 않고

한쪽이 딴 쪽에 눌려 왔음을

한쪽은 우등

한쪽은 열등

그렇게 계층으로 돼 있음을

유럽중심주의며

남근중심주의며

그런 것들 모두 다

한 통속이란 것

저 홀로 우뚝

중심에 선 것

그런 것 다 허물고 나면

그때 비로소 읽혀지려나

역사의 그늘 속

흰 종이 위에

혹은 여백에

하얗게

빽빽이

아픔으로 적힌 수많은 저 흰 글씨들!

그것들의 주눅 든 저 한숨들!

기식자

세르 철학

인간이란 무엇인가?

이성적 동물?

신의 모상?

사유 실체?

신 앞에 선 단독자? 세계-내- 존재? 상황-내-존재?

지당하신 말씀들

다 좋죠

하지만 잊지 마세요

인간들의 저 비루한 실상, 기식자를!

제대로 알려드리죠

인간이란 무엇인가?

인간이란 '이'에요

벼룩이에요

진드기에요

모기, 거머리, 세균이에요

기생충이죠

서울쥐와 시골쥐, 다 인간의 별칭이지요

인간은 누군가 숙주에 얹혀살면서

호식하고 지내죠

아양을 떨고 가로채려 하죠

베푸는 자들을 뜯어먹고 살죠

먹거리가 있으면

어떤 기회도 놓치지 않죠

식탁을 차리는 것은 항상 남이죠

'나의 사전에 보답이란 없다' '일방통행'

그의 자랑스런 철학이에요

반도체, 밸브, 화살 같이

가기만 하고 오는 건 없죠

이윽고 숙주는 꼼짝 못하고

사취 당하죠

밀려나고 자리를 빼앗기고 추방당해요

더러는 처참하게 죽기도 하죠
그렇게 인간은 제3자, 협잡꾼, 마쳐제예요
그게 바로 기식자
인간이에요

그들에게 필요한 것은 오직 빨대
어디든 꽂고서 피를 빨죠
부모에게, 조직에게, 국가에게, 신에게
동물들에게 식물들에게
숙주는 도처에 널려 있어요

존재, 진리, 사건

바듀 철학

존재라는 것

진리라는 것

이게 뭔지 제대로 알지도 못하면서

왜들 그렇게 알레르기죠?

그 절대성에 도전하는 게 멋인 줄 아나?

다시 프로이트로

다시 마르크스로

다시 니체로

그런 게 우리 프랑스의 유행이라면

나도 한 가지 더 보태죠

다시 플라톤으로!

그래요

존재는 존재해요

진리는 진리에요

단, 그게 '일자'라고는 하지 마세요

존재는 '다수'니까요

진리도 '다수'니까요

세계의 저 무한한 상황들

삶의 저 무수한 상황들

그게 존재고 진리니까요

그 내용들이 다름 아닌 사건인 거죠

사건은 지금과 여기를 알려줘요

그 지극히 구체적인 존재와 진리들

그게 새로운 걸 만들어가죠

사랑, 권력, 국가, 혁명

이 사건들이

이 진리의 절차들이 새로운 가능성을 창조해줘요

정치적 격변만이 사건이 아녜요

예술적 창조도

과학적 발견도

어떤 특별한 일이면 다 사건인 거죠

사건은 지금도 어디서든 일어나고 있어요

그 진리의 절차 뒤밟으면서

"불멸의 것으로 살아가세요"

7장 영미편

텝즈강과 허드슨강 언저리의 풍경

言語·社會

최대 다수의 최대 행복

벤담 철학

인류를 지배하는 두 군왕들

고통과 쾌락

우리가 무엇을 하게 될지

우리가 무엇을 해야 할지

다 이들이 결정해주죠

행하는 것, 말하는 것, 생각하는 것

다 이들의 명령에 따르는 거죠

고통은 줄이고 쾌락은 누리고

원하죠?

그럼 기억하세요

공리의 대원칙

최대 다수의 최대 행복

최대 지복, 최대 선

개인이든 정부든

잊지 마세요

이 원칙이 인간들의 모든 행위를
승인하거나 부인할 거에요

하지만
다수의 행복을 위한답시고
소수의 불행을 외면하진 마세요
개인의 관심을 이해함이 없이
사회의 관심을 논한다는 건
헛된 일이죠
위험한 일이죠
최대 다수의 그 다수란
결국 다수의 개인들에 다름 아니니까요
어쩌실래요?
나 하나 위해 모두를 불행하게 만드실래요?
모두를 위해 나 하나의 불편을 참으실래요?

자유

밀 철학

선택하세요

돼지가 될지 인간이 될지

바보가 될지 소크라테스가 될지

그런 뻔한 걸 왜 묻느냐고?

아니에요

뻔하진 않아요

만족한 돼지와 불만족한 인간

만족한 바보와 불만족한 소크라테스가 현실이니까요

그러니 사람마다 선택이 다른 거지요

어느 쪽이 될지는

자유예요

돼지든 인간이든

바보든 소크라테스든

나는 내가 선택하는 그가 되지요

하지만

의지의 자유가 다는 아니에요

우리가 더욱 주목해야 할 건

시민적 자유 사회적 지유

자유와 권력의 싸움을 잊지 마세요

두 눈 똑바로 뜨고 잘 보세요

저 '치자' '정치적 지배자' '통치집단'

혹은 '정부'라고 불리는 그들

저 '맹금'들

그들의 '권력' 그들의 '폭압'을

사회적 폭압은 생활의 구석구석까지 파고 들어가

인간정신 그 자체를 노예화하죠

알아두세요

인류가 그 동료 중의 누군가에 대해서

그 행위의 자유를 제한하는 것은

오직 자기보전을 목적으로 하는 그 경우뿐

오직 위해의 방지 그 경우뿐

자유의 깃발을 높이 드세요
특히 사상의 자유, 언론의 자유
하지만 결코 잊지 마세요
모든 자유에는 책임이 그림자처럼 뒤따른다는 것을

진화

다윈 철학

나는 어디에서 왔을까?
나는 처음부터 이런 나였을까?
나는 영원토록 이런 나일까?
함부로 쉽게 간단하게
답하지 마세요, '그렇다'라고
세월이 어디 하루 이틀인가요
기나긴 눈으로 생각하세요
몇 십만 혹은 몇 백만 년 전
몇 십만 혹은 몇 백만 년 후

우린 저 유인원들과 엇비슷했죠
그 기나긴 세월
그 치열한 생존경쟁
나름의 환경적응
드물지 않은 변이들
무엇보다 오묘한 자연선택

적자생존

용불용

그 치열한 과정 거치며

우린 진화했죠

아주 조금씩

보이지 않게

하등동물에서 고등동물로

위대한 인류로

거긴 어떤 장엄함이 깃들어 있죠

모든 종들의 기원

창조가 유일한 답이라고만 생각 마세요

진화도 있어요

저 젊은 시절

비글호를 타고서 지구를 돌다가

갈라파고스에서 난 보았죠

흔적들, 증거들

하등동물에게서 물려받은 게 거의 확실한 것들

그리고 감탄했죠

인간의 진실을!

유인원으로부터의 진화를!

프래그머티즘의 준칙

퍼스 철학

어떤 대상이 무엇인가 하는 것

그 대상의 관념

그것은

다름 아닌 그것의 결과

실천적 함의를 지니는 결과

실제로 어떠할 거라는 결과

그 결과에 대한 우리의 생각

그것이 바로

그 대상의 관념

어떤 것이 단단하다고 하는 것

그것은

무엇으로 그것을 긁어도

긁히지 않는다는 결과

그것이 바로

단단하다는 것

만약에 다이아몬드가

칼로 잘라서 쪼개진다면

그것은

단단하다고 할 수 없는 것

만약에 연인이

사소한 다툼으로 갈라진다면

그것은

사랑이라고 할 수 없는 것

실천적 결과를 생각하는 것

이것이 바로

우리의 관념을 명백히 하는 법

그게 우리가 생각하는 법

세계의 맹주로 군림하게 된

미국의 힘!

미국의 비결!

프래그머티즘!

유용성

제임스 철학

진리란 무엇인가

진리는 존재하는 것?

아니, 진리는 '되는' 것

진리는 만들어지는 것

무엇보다 진리는

유용한 것

유용성이 곧 진리

진리라는 관념이 주는 실용성이야말로

우리가 그것을 좇게 되는 유일한 이유

중요한 것은

실제적인 결과

구체적인 결과

그것을 위해서라면

우린 그 어떤 것도 존중해요

고려해요

독립된 진리,

단순히 우리가 발견하는 진리,

인간의 필요에 부합할 수 없는 진리,

한마디로 교정할 수 없는 진리

그런 게 무슨 의미?

그런 건 결국

유치한 연구법, 불법적인 마술,

주문, 정령, 마신, 괴신, 잡귀신, 수수께끼,

입만 놀리는 해결책, 무가치한 질문, 형이상학적 추상

그런 것과는 이제 일전을 불사해야죠

승리는 우리 실용의 것!

실제적 결과만 있다면 그게 바로 진리

그래서 진리는 곧 선이죠, 좋은 거예요

도구주의

듀이 철학

뭔지 알겠어?

사고라는 것

탐구라는 것

그래, 그렇게 해서 확보된 수많은 것

지식이라는 것

관념이라는 것

우린 그걸 잘 몰랐어

그거 왜 하는지

그거 왜 있는지

우린 제대로 모르고 있었어 그걸

시작은 '문제'였었어

문제가 되는 상황이나 환경이었어

자연적인 것이든 사회적인 것이든

그걸 그냥 둘 수는 없었어

왜?

왜냐니, 당연하지

문제란 애당초

해결을 요구하는 것들이니까…

그래서 하는 거야

사고라는 것

탐구라는 것

그래서 있는 거야

지식이라는 것

관념이라는 것

그 모든 것

다 도구인 거야

문제의 해결을 위한 도구인 거야

오직 방법이고 수단인 거야

문제가 하늘의 구름처럼 발생하는 한

우리는 삶의 끝날까지 할 수밖에 없어

사고라는 것

탐구라는 것

그건 바로

지극히 구체적인 삶 그 자체였어!

논리적 환원

영이란 무엇인가

수란 무엇인가

계승자란 무엇인가

묻지 말라구?

그냥 받아들이라구?

원초적 개념이니까?

추상적 실재이니까?

아니다

그건 잘못이다

이것들은 더 철저히 정의될 수 있다

다음과 같다!

영이란 집합이다

아무런 성원도 갖지 않는 텅 빈 집합이다

일이란 집합이다

어떤 y를 대상으로 갖는 집합x다

a든 b든 c든

그것이 x의 성원이라면

그것은 y와 다르지 않다

어떤 수 n의 계승자란 집합x다

x에서 하나를 빼면 n이 되는 그러한 x

그리하여 수란

영이든가

영의 계승자든가

영의 계승자의 계승자든가…

이와 같이

수학의 기초들도 논리로 환원될 수 있다

어때?

분석이 추구하는 이 확실성!

논리의 매력!

집합의 역설

이런!

이를 어쩌나

집합으로 수를 설명하려면

집합이라는 설명도구가 완전해야 하는데

문제가 있었네!

예컨대

자신의 성원이 될 수 없는 집합들만 모은 집합들의 집합

그런 집합k는

자신의 성원이 될 수 있는가 또는 없는가

생각해보자

될 수 없는 것들만 모아논 거니

될 수 있다면 될 수가 없고

될 수 없다면 될 수 있구나

문제로다…

논리적 환원을 포기해야 하나?…

아니다

잘 생각해보자

다르지 않은가

집합과 그 성원은 애당초 유형이 다르지 않은가

집합x가 '죽는 것'들의 집합이라고 할 때

집합x도 죽는가 하고 물어본다면

그런 물음은 애당초 무의미한 것

고로

그런 물음에 답하는 것도

무의미한 것

문제는 처음부터 문제가 아니었다

고로

집합에 의한 논리적 환원은

유효하다!

분석의 길은

명료함을 향해 뻗어 있다!

관념론 논박

무어 철학

"존재는 지각이다"
그렇게
그들은 말한다
"노랑과 노랑의 감각은 같다"
그렇게
그들은 말한다
그렇다면
감각이 곧 노랑이고
지각이 곧 존재인가
그렇다면
줄리엣에 대한 로미오의 사랑이
곧 줄리엣이고
고향에 대한 사람들의 그리움이
곧 고향이던가

아니다

존재는 존재

지각은 지각

노랑은 노랑

감각은 감각

다르지 않은가

다르니까 다르게 말해놓고서

다른 것이 같다고 하니

말이 되는가

백합의 향기는 향기롭지만

향기에 대한 '감각'은 향기가 없다

고로

관념론의 주장은 문제가 있다

존재는 존재

지각은 지각

객관적 실재는 옹호돼야 한다!

있는 그대로!

논리적 원자론

비트겐슈타인 철학

무릇

말할 수 있는 것은 분명하게 말해야 한다

이와 같이!

세계란 무엇인가

사실들의 전체다

- 이것은 책이다

- 장미는 예쁘다

- 물은 100도에 끓는다…

그런 모든 것의 총체가 곧 세계다

사실은

명제로 표현된다

그 명제들의 전체가 곧 언어다

명제는

사실에 대한 그림이다

명제는

사실이 그런지 아닌지를 보여준다

모든 명제는

요소명제로 쪼갤 수 있다

복합명제의 참과 거짓은

요소명제의 참과 거짓에 달려 있다

'장미는 붉고 또한 맛있다'가 참이 되려면

붉기도 하고 맛도 있어야 한다

'장미는 붉고 혹은 맛있다'가 참이 되려면

붉거나 맛있거나 하나면 된다

이와 같이

언어를 통해 우리는

세계를 안다

그러니

공연히

요상한 말들로 사람 헷갈리게 말고

말할 수 없는 것에 대해 우리는

침묵해야 한다!

그렇게

언어의 확실성을 담보해야 한다!

검증가능성의 원리

카르납 철학

세상에 넘치는 저 주장들
역사에 가득한 저 이론들
과학인지
사이빈지
정해야 한다

함부로
과학의 자격을 줄 수는 없다
엄밀한
과학의 기준이 있어야 한다

과학은
검증할 수가 있어야 한다
애당초
검증할 수가 없는 거라면
그것은

과학이라고 할 수가 없다

예컨대
까마귀는 색깔이 까맣다는 것
그것은
검증할 수 있으니 과학이 된다
그리고
물은 100도에서 끓는다는 것
그것도
검증할 수 있으니 과학이 맞다

그러나
사후에 천당과 지옥이 있다는 것
그리고
염라대왕이 선악을 낱낱이 심판한다는 것
그것은

검증할 수 없으니 과학이 아니다

과학은

검증할 수가 있어야 한다!

단편적 사회공학

포퍼 철학

철인정치?

유토피아?

공산주의?

지상천국?

꿈같은 청사진일랑

비행기나 접어

구름 저편으로 날려버리고

궁전 아닌 우리집 바로 앞뜨락

잔디 잔디 금잔디에

그린 그린 그래스 오브 홈에

제멋대로 자라난 잡초나 뽑지

편안하게 잔디가

발 뻗어 가게

있으면 뽑고

없으면 두고

돌멩일랑 옆으로

치워다 두고

그렇게 하나씩 손질해가며

고운 잔디 만들어

푸른 잔디 만들어

포근히 온 식구

드러누워서

하늘에 떠가는 구름도 보고

새소리 들으며 노래도 하고

그럼 된 거지?
그럼 된 거지!

이와 같이
추상적 꿈의 실현을 꾀하지 말고
구체적 악의 제거에 힘쓰자는 것!

단편적 사회공학
비판적 합리주의
그 푸른 깃발 높이 들고서
열린사회의 적들에게 두 눈 부릅뜨고서

언어행위

궁금하지 않아요?

재미있지 않아요?

말이라는 것

늘 하는 거라 못 깨달아 그렇지

참 신비 중의 신비죠

특히나 저 다양한 일상언어들

생각해본 적 있나요?

수행적 발언이라는 언어형태

아니

정확하게는 언어행위죠

이것은 펜이다

나는 남자다

여름은 덥고 겨울은 춥다

그런 것 말고

장미와 백합 어느 쪽이 좋아요?

여행 좋아하세요?

그런 것도 말고

발언 그 자체가 이미 어떤 행위를 수행하는 것

사랑해

아가, 너의 이름은 한별이로 할게

양녕, 너를 폐위하고 충녕, 너를 세자로 책봉한다

그 사람이 당선되면 내가 한턱 쏠게

여보 미안해, 다신 안 그럴게

이런 말들

실효적인 것들

그래서 중요한 것들!

일상언어분석

재미있죠?

행위수행적 발언

오스틴 철학 2

나의 연인아

내게로 오렴

우리

손에 손잡고 숲으로 가자

아직은 차지 않은 가을바람이

상큼한 계절의 내음으로 불어오면은

나는

붉은 낙엽이 냇물로 내려앉듯이

살포시

너의 입술에 입맞춰줄게

붉은 단풍이 더욱 붉도록

나

너를

숲속의 공주로 만들어줄게

나의 연인아

내게로 오렴

이따가 열 시쯤 전화하렴
나
멋지게 차려입고서 너
맞으러 갈게
오늘 하루
다른 일들은 다 잊을게
약속할게

예컨대 이런 말들
말 자체로 행위가 되는
그런 말들!

알겠죠?
옥스퍼드의 일상언어분석!

중요해요!

레포트는 월말까지 내세요
분량은 자유!
알았죠?
행위수행적 발언이 어떤 것인지!

정의

우리 사는 세상

사람 사는 세상

혼자서는 못 살죠

이 사람 저 사람 수많은 사람

그 당사자들

하나하나 모두

신성불가침

전체 사회의 복지라는 명분으로도

함부로 유린하면 안 되는 것

그래서 정의!

나만이 아닌

상호 간의 이익을 위한 숭고한 정의!

왜냐고요?

당연하죠

이해관계란 늘 상충하니까요

그게 인간이고 세상이니까요

우리가 만들어야 할 것은 공정한 세상

정의로운 세상

온전히 잘 질서 잡힌 사회

'합리'가 '절차'가 '합의'가

'선택'이 '약정'이

그래서 필요한 거죠

'원초적 입장'에서

'무지의 베일'을 치고 말이죠

거기서는 내가 누군지 모르니까요

센 자인지 약한 자인지

가진 자인지 못 가진 자인지

모든 게 애당초 무지이니까요

하니

자칫 지금의 이익을 반영해본들

반대로 불이익이 돌아올 수도 있으니까요

내가 누군지 모르니까요

하니

남자든 여자든

부자든 빈자든

누구 되어도 무방할 공정한 세상

정의로운 세상

만들어야죠

지금 당장은 약간의 불이익이 따르더라도

양보해야죠

그게 결국은

우리 모두의 이익이니까요

과학혁명의 구조

쿤 철학

다들 아시죠?

과학이 얼마나 중요한지

그런데 아세요?

과학이 어떻게 발전하는지

그 핵심은 누적 아닌 혁명

혁명, 즉 패러다임의 변환이에요

보세요

지동현상, 산소, X선, 라이덴병

그 과학의 획기적 발견들

다 낡은 패러다임을 뒤집은 거죠

그 어떤 정상과학들도

이윽고는 변칙성과 위기의 출현에서 예외 없어요

그게 새로운 패러다임을 싹틔워주죠

거부할 수 없는 저 봄날의 새싹처럼

그런데 잊지 마세요

이 모든 과정에

질문과 해답찾기가 전제돼 있음을

그것 없이는

과학의 수레가 구를 수 없어요

변환? 혁명? 발전? 어림없죠

꼼짝도 못해요

끊임없이 묻고 찾아야 혼란도 생기고

변칙성도 불규칙성도 고개를 들죠

정상과학에 대한 이의제기, 시비, 반론, 저항

그게 혁명을 위한 영양이 되죠

그 전통파괴를 위한 보완

두려워 마세요

껍데기를 깨야

비로소 병아리가 나오니까요

거울 없는 진리, 그리고 연대

로티 철학

체계철학?

아니

교화철학!

토대, 본질, 표상?

아니, 아니, 아니

반-토대, 반-본질, 반-표상!

왜냐고?

철학은 거울이 아니니까

자연을 고스란히 비쳐주는 거울 따윈 없으니까

인식 아닌 해석

거울 없는 진리

그게 진짜니까

진리의 주권은 그러니까

자연 아닌 우리

객관 아닌 주관

하니

본질이여 가라

실용이여 오라

중요한 것은

서로 다른 문화와 언어들 사이의 대화를 지속하는 것

그리하여 인류, 공동체를 바라보는 것

하여 우리가 들어야 할 깃발은

우연성, 아이러니, 그리고 연대성!

우리의 언어 자아 자유주의 공동체는

어떠한 존재론적 토대나 기반도 없는 우연한 것

자신의 마지막 어휘조차도 포기할 수 있다는 것

강제되지 않은 상태에서의 합의를 통한 자발적 연대

왜겠어?

사적 심미주의?

사회적 무책임성?

엘리트주의적 교만?

아니, 아니, 천만에

이 모든 게 다 잔인성에 대한 혐오

"진리 대신 자유" 혹은 "역사주의적 전환"

하여 나는

자랑스런 '자유주의 아이러니스트'

잔인성이야말로 우리가 행하는 가장 나쁜 짓

괴로움은 장차 감소될 것

인간의 인간에 의한 굴욕이 멈추게 될 것

그것을 소망 속에 포함시키는 사람

하여 나의 하늘에 빛나는 별은

'우리'라는 별

연민과 박애라는 따뜻한 별

진정성과 인정

당신은 가슴속에

어떤 물음표를 키우고 사나요?

어떻게 돈을 벌까?

어떻게 출세할까?

어떻게 이름을 드높일까?

그런 것들 말고

도덕적 질문들

도덕 너머의 질문들

이를테면

타인이란 누구인가?

우리 자신의 존엄성의 기저에 있는 것이 무엇인가?

무엇이 우리 삶을 의미 있고 충일한 것이게 하는가?

무엇이 삶을 살 만하게 하는가?

어떻게 내 삶을 살 것인가?

어떤 종류의 삶이 살 가치가 있는 것인가?

어떤 삶을 살아야

나의 재능에 내재되어 있는 가능성을 완수하는가?

나의 자질에 기대되는 요구들을 완수할 수 있는가?

무엇이 풍부하고 의미 있는 삶을 이루는가?

그런 것들

찾아보세요

당신의 가슴속에 그런 물음표가 하나쯤은 있는지

타인에 대한 존중, 충만한 삶

타인의 생명, 온전함, 안녕, 번영에 대한 존중

그것이야말로

가장 긴급하고 강력한 도덕적 요구들

사람이 사람이려면

세상이 세상이려면

지켜야할 기본 중의 기본은 '존중의 원칙'

거기서 뻗은 넝쿨이 바로

진정성의 윤리

인정의 정치

자신의 내면의 목소리 그리고 정서에 대한 헌신과 성실성
그게 진정성
다른 사람에 의해 동등하고 가치 있는 존재로 평가받는 것
그게 인정

내가 하나면 당신도 하나
거기서 피어난 꽃
그게 민주주의, 그게 문화다원주의

실천윤리

싱어 철학

윤리, 그 숭고한 이름

이성이 옳다고 믿는 정당화

개인적인 것보다는 좀 더 큰 무언가를 고려하는 것

'나'와 '너'를 넘어서

보편적인 법칙

불편부당한 조망자 혹은 이상적인 관찰자

그런 것으로 향하는 것

각각의 사람은 모두 한 사람

어느 누구도 한 사람 이상으로 간주되지 않는 것

나의 이익과 그의 이익이 함께 고려되는 것

그게 윤리

가야 하는 길, 험난한 자갈길

보라

저 소수민족 문제, 남녀평등 문제, 동물학대 문제,

임신중절 문제, 안락사 문제, 빈민구제 문제

굳게 쥐어야 할 무기는 오직

평등의 원칙

특히 이제 큰 눈 뜨고 보아야 할 새로운 윤리

인권만이 아닌 동물권

당신도 똑같이 한번 당해보면 알 터

우리에 갇혀

오직 '고기'가 되기 위해 살아가는 삶

내 이름은 소

그런데 웬 스테이크? 웬 불고기?

내 이름은 돼지

그런데 웬 주물럭? 웬 소시지?

내 이름은 닭

그런데 웬 치킨? 웬 꼬치?

내 새끼, 내 귀여운 알들

왜들 프라이라고, 스크럼블이라고 부르는 거죠?

내게도 의식이라는 게 있다는 사실

알아주세요

칼 들면 무섭다고 피하잖아요

안다면 이제 그만 드세요

채식하세요

살도 안 찌고

맛도 좋아요

시로 쓴 철학사

2017년 12월 01일 1판 1쇄 박음
2017년 12월 14일 1판 1쇄 펴냄

지은이 이수정

펴낸이 김철종 박정옥

책임편집 배빛나 **디자인** 정진희 **마케팅** 오영일

인쇄제작 정민문화사

펴낸곳 에피파니

출판등록 1983년 9월 30일 제1-128호

주소 110-310 서울시 종로구 삼일대로 453(경운동) KAFFE빌딩 2층

전화번호 02)701-6911 **팩스번호** 02)701-4449

전자우편 haneon@haneon.com **홈페이지** www.haneon.com

ISBN 978-89-5596-830-9 04100

이 도서의 국립중앙도서관 출판예정도서목록(CIP)은 서지정보유통지원시스템
홈페이지(http://seoji.nl.go.kr)와 국가자료공동목록시스템(http://www.nl.go.kr/kolisnet)에서
이용하실 수 있습니다.(CIP제어번호: CIP2017032169)

저자 일러두기

* 이 책은 2006년 출간된 《여신 미네르바의 진리파일》에 30명의 철학자가 새로 추가되고 많은 부분이 수정가필된 신판에 해당합니다. 당초 기획한 100명이 온전히 채워진 만큼 이 책이 완성본이고 따라서 첫 정본임을 밝힙니다.